阅读日本
书 系

日本如何文化立国

[日] 青柳正规 著
滕新华 王冬 译

笹川日中友好基金
The Sasakawa Japan-China Friendship Fund
世界知识出版社

阅读日本书系选书委员会名单

姓名	单位	专业
高原明生（委员长）	东京大学教授	中国政治、日本关系
苅部直（委员）	东京大学教授	政治思想史
小西砂千夫（委员）	关西学院大学教授	财政学
上田信（委员）	立教大学教授	环境史
田南立也（委员）	日本财团常务理事	国际交流、情报信息
王中忱（委员）	清华大学教授	日本文化、思潮
白智立（委员）	北京大学政府管理学院副教授	行政学
周以量（委员）	首都师范大学副教授	比较文化论
于铁军（委员）	北京大学国际关系学院副教授	国际政治、外交
田　雁（委员）	南京大学中日文化研究中心研究员	日本文化

目　录

序　章

从各种意义上来看，近年来日本社会中“文化”所占的比重正在逐渐加大，这种现象与日本经济发展缓慢不无关系。

第二次世界大战以后，日本从农业为主的社会转型为工业为主的社会，不仅我们的日常生活，城市和农村的面貌也发生了翻天覆地的变化。1950 年农林渔业的从业人员占全部就业人口的 48.5%，到了 1960 年前后便被其他产业赶超过去，1970 年为 19.3%，1980 年为 10.9%，而 2000 年以后，这个比例又进一步缩小到 5%以下。

另外，工业发展势如破竹。20 世纪 80 年代，日本的工业社会迎来发展的巅峰时期，随后开始回落。到目前为止，取代工业的下一个支柱产业仍处于缺位状态。但是，笔者并没有因此而认为，支柱产业的缺位说明完成“后工业社会”（post-industrial society）的重任将有求于文化，未来日本的崛起有赖于丰富的文化所带来的生产性和经济效益。

养活 1.2 亿的日本人，当然要依靠以制造业为龙头的信息、服务、农林水产等行业的发展。然而人们发现，一味地以这些产业作为发展的先决条件，其预测数据对于日本经济而言绝对不容乐观。

预测结果表明，人口减少对实体经济的指标 GDP（国内生产总值）起到了决定性作用。目前（2015 年 1 月）的日本人口是

1.27亿，据说到2030年将减少1000万左右。有人认为只要进一步提高生产率，确保包括老年人和外国人在内的劳动人口，这种人口剧减所产生的矛盾有可能得到化解。

然而，1000万这个数字究竟有多大，只需稍加计算便可一目了然。

笔者不是经济学家，只能请大家参考到“虽不中，不远矣”的程度。如果到了2030年人口减少1000万的话，等于今后每年平均递减66万人，以2014年日本人均GDP约为380万日元这个基数来推测，意味着GDP每年减少25000亿日元。仅凭GDP这一项便可得知人口减少是一个何等重大的因素，更何况受其影响，那些散落在日本各地、人口老化到极限的村落，或许将从我们的现实生活中永远消失。破败后的村落一片废墟的凄凉景象，一旦公布于众，又将给国民心理投下多么大的阴影，说起来不寒而栗。有关“振兴地方”的提案五花八门，层出不穷，但我们期待的提案首先应当积极应对即将沦为废墟的村落及其导致的严重后果。同时，我们也希望有关部门应当尽早出台相关政策和具体规划，力求避免人口减少给人们带来的负面影响。

战后，日本完成了举世瞩目的复兴事业，GDP的增长甚至达到了仅次于美国的水平。纵观其发展过程，我们看到全国人口从战争结束时的7200万，增加到1964年东京举办奥林匹克运动会时的9700万，1984年超过了1.2亿。从“这世道，哪像是刚打完仗的”这句话成为社会流行语的1956年，到第一次石油危机爆发的1973年，日本经济的年均增长率达到9.1%，1974年到1990年为4.2%。

从20世纪40年代后期开始到50年代前期，人口增长率平均超过10%。到后来，这部分新增人口成为经济高速发展期到泡沫经济前期劳动人口的主力。其实，这种近乎爆发式的人口增长，才是日本实现经济高速发展的最大因素。

在世界范围内，人口与 GDP 的相互关联更是显而易见。例如欧洲各国，人口的多寡与 GDP 的排序完全一致。简单地说，人口多，GDP 也随之增多。日本的 GDP 之所以稳居世界前三，固然有国民勤奋和技术先进方面的因素，但是，比这更为重要的原因是日本在世界主要国家首脑会议的 8 个成员国当中，人口数量仅次于美国和俄罗斯。

人口的逐年减少意味着一个国家的经济实力正在下降。当然，如果从现在起在发展观念和技术创新上有所作为，也有可能加快或者稳定经济的增长。但是，人口减少所造成的负面影响却是难以完全弥补的。

面向不久的将来，处于现实阶段的我们应当注意保持日本经济一定数量的增长，同时，另一个重要课题也已经浮出水面，这就是如何保持和提高我们的生活质量。曾经突飞猛进的经济高速增长已经是过眼烟云，日本人追求的所谓“富裕”，正在从量的增加转向质的提升。比如在居室面积无法扩展的条件下，有越来越多的人正在考虑如何提升现有空间的品位。在改善生活质量的过程中饰演重要角色的正是文化，文化的作用异乎寻常。所以笔者才认为，必须对“文化立国”进行全面思考，因为可以供我们选择的只剩下“文化立国”这一条路了。

然而，我们这里所说的“文化”，其范围非常宽泛，为其定义的难度相当大，所以笔者斗起胆子，删繁就简，姑且将其比喻为老年公寓的房间里悬挂的一幅画吧。顾名思义，老年公寓是老年人安度晚年的公共设施，为老人提供的服务项目一应俱全，包括一日三餐，辅助入浴，打扫房间，清洗衣物。每个房间都有便于护理的床铺、洗漱用具和卫生间等，让生活在这里的老人几乎没有不便之处。

不过，老人们虽然衣食无忧，可是一旦住进这种布局紧凑，功能齐全，然而却毫无情调的房间里，不免要产生非分之想。比如能不能在单调的白墙上挂一幅自己喜欢的字画呢？能不能在柜橱上摆几张孙子的照片呢？也许有人还想在房间里播放背景音乐。有了字画、照片或者音乐的点缀，老人们心里踏实，心情舒畅，让他们原本衣食无忧的生活更有档次，日子过得更加温馨，更加充实。于是，我想把这种锦上添花的做法也视为一种“文化”。

再补充一句，文化不仅局限在艺术作品和娱乐工具上，在任何一个地方，人们世代相传的生活习惯和行为方式都属于文化范畴。因为生活习惯和行为方式体现了当地人的智慧，可以让大家的日子过得更加和谐，更加舒适。所以，文化活动在人们的日常生活当中占有相当大的比重，是社会活动中的重中之重。正因为如此，本书中笔者自我标榜的不是“文化艺术立国”，而是“文化立国”。因为尽管艺术的魅力和诉求力是无穷的，但是从文化事业的大局来看，艺术只不过是其中的一小部分。至于艺术在全社会和文化中所占的比重及其作用的大小，与其所属的社会整体结构及性质密切相关。这个问题我准备在本书的结尾部分再进行探讨。

那么，笔者为什么要把如此直白的文化大言不断地抬高到“文化立国”的高度呢？不外乎是因为近年来在国家或社会层面上，文化的存在价值越来越高，而且不仅是日本，世界各地都出现了这种倾向。

让文化的存在不断升值的重要背景之一是全球化。全球化从市场经济中打开缺口，长驱直入，裹挟了政治和文化，强行推广一定的标准和价值观。在其反作用的推动下，许多国家和区域的人们支持本国文化的态度越来越坚决。等于说，全球化把生长在世界各地的文化又重新烘托出来。

所谓文化，在某种意义上像水和空气一样，当你身在其中之时，很少意识到它的好处和宝贵。但是，当你走进异国文化后才会发觉，自己原本安逸的心情变得躁动不安，强烈意识到原来属于自己的那份文化有多么宝贵。总之，全球化正在世界的每一个角落重新唤起人们对文化的追求。

顺便指出，日本甚至是世界上罕见的、一个将珍贵的物质和非物质传统文化完整继承到今天的国家。这些传统文化的价值之高，超乎当事者日本人的自身感受。为此，本书也将尽量论及日本文化的特性。

全球化正在提升各国文化的存在感，而在先进国家里，社会的日趋成熟让文化价值和作用水涨船高的现象也同样值得人们关注。

笔者认为，所谓成熟社会，指的是政治经济活动与文化活动协调发展相得益彰的社会。而在经济与文化的相互比较中，两者之间又有明显的区别。文化活动的枝蔓异乎纷杂，远非经济活动可比。至于纷杂到何等程度，我们可以打个比方。我们每个人都有这么个习惯，在家的附近遇到熟人时互相微笑着道一声“你好”。这种邻里之间的、简单得不能再简单的一句问候，恐怕也含有几层意思：向对方表白自己的心情，传递左邻右舍应当和睦相处的信息，通过互相问候进一步证明自己也是这个社区大家庭的一员。

在文明社会出现之前，是由一个家族构成一个集体的狩猎采集时代。那时候，他们之间肯定没有互致问候的习惯。在与他人保持一定距离的状态下互相寒暄，应该是社会发展到众多陌生人共同谋生之后形成的一种礼节。

由此说来，互相寒暄是社会发展到高级阶段的产物。如今，左邻右舍之间的礼尚往来也含有多种意思。文化的内涵随着社会的高度发展和成熟，变得千头万绪，错综复杂。这种结果的出现应当归结于文化本身与生俱来的属性。

政治和经济也不例外，随着文明社会的高度发展而日趋复杂，主要表现为“因为”和“所以”在这里失去了必然联系。举个例子，日元升值后出口企业叫苦不迭，这种情况应当从经济学的角度做出解释，可是现在却不能一概而论。这几年，制造业的许多企业将生产据点移至海外，这样做既可以削减成本，又能躲避或降低汇率波动带来的风险。于是，这个经济圈和文化一样变得复杂起来。再者，从成熟社会让全社会变得更加复杂的意义出发，应当说这个社会本身正在不断地“文化”化。

错综复杂的社会加重了每一位社会成员的心理压力。于是，文化缓解人们心理压力的作用越来越重要。文化具有以柔克刚的本领，擅长于理顺关系，稳定情绪，能够化解吸收成熟社会中此起彼伏的矛盾纠纷。如上所述，政治活动和经济活动协调发展，相辅相成，是社会趋于成熟的表现。让成熟社会充分发挥自己的功能，一定离不开丰富多彩的文化。

然而，文化给人们带来的好处决不仅仅限于精神享受。近年来，在先于日本完成工业化的欧洲，在那些一度衰退的工业城市中，又以“文化城市”的姿容东山再起者，不乏其例。

这些城市要么举办世界级音乐会，要么加大对美术馆等文化设施的投入，成功地引来了大批的游客。魅力四溅的文化受人青睐，也给城市带来了巨大的经济效益。一度黯然失色、失业者充斥街头的工业城市，借助文化政策的东风而再创辉煌，足以证明“文化兴国”绝不是一句用来空喊的口号。

其实，联合国教科文组织从 2004 年起开展“创新城市”活动，将各国拥有特色文化产业的城市命名为“创新城市”，并且结为网络，积极推广。目前，以步入“后工业社会”的先进国家为主，创建以文化为核心的新型城市，已经成为一股世界潮流。

日本的金泽和札幌等城市也被联合国教科文组织认定为“创

新城市”，然而真正需要文化滋补的是地方上明显衰落的市町村。①

在日本，大城市在不断膨胀，除此以外的市町村日渐衰退，两者的差距一再增大。若让日本振作起来，大城市必须精神饱满。可是大城市一旦充满生机，将把年轻人从周边乡镇吸收到城里，让衰退中的乡镇雪上加霜。这种顾此失彼的结果酷似一场“零和游戏”②（Zero sum Game）的分布图。尽管国家一直在设法阻止乡镇的衰落，但其衰落的脚步却始终没有停下的迹象。

在这个过程中，越来越多的地方政府设法给本地的传统文化和特色产品注入新的活力。民间庙会、传统节日、民俗艺术、历史建筑和景观等，各地保留的这些传统文化都有可能成为发展旅游事业的最有力的潜在资源。而我想看到的不仅是传统文化本身今后的出路，而是期待地方政府如何建立起一套新的机制，让传统文化与现代文化互相交融。

问题的关键是不是应当采取一系列的行动，让生活在这片土地上的人们为自己的家乡感到自豪？我认为这才是村镇从衰落转变为兴旺的起点。

文化具有使人精神焕发的能量，但是我们难以期待它像止痛药那样即刻见效。如果借助国家和县的振兴政策，对症下药，文化将在推动村镇建设步入可持续发展的上升轨道上发挥自己的作用。如今的日本，有的地方阳光灿烂，有的地方日照不足，两者之间的反差十分强烈。战后的经济活动给日本列岛带来了严重而

---

① 市町村，日本最基层地方行政单位的总称。一般来说，“市”的人口在 5 万以上，“町”的人口在 5000 以上，对村的建制没有特别要求。日本的市、町、村与中国的县级市、镇（乡）、村相似，但是，前者均为各自为政的地方自治，市町村之间并非领导与被领导的关系，各自对应的上一级行政单位分别是“都（东京都）、道（北海道）、府（京都府、大阪府）、县（千叶县等 43 个）”。

② 零和游戏，亦称为“零和博弈”，指参与博弈的各方在严格竞争下，一方收益意味着另一方的必然损失，博弈各方的收益和损失相加后的总和永远为零，不存在合作共赢的可能。

且无情的苦乐不均，但我始终觉得文化在这里总能或多或少地起到纠偏和均衡的作用。

从偏重经济的发展模式中一路走来的日本，对于文化具有的实力和本国文化的优越，在评价上并不恰当，在宣传上也不充分。反倒是不期而至的全球化，烘托出传统文化的存在价值。我们是不是应当对日俱增的文化实力给予更多一点的信任，迎来一个货真价实的成熟社会呢？笔者决意撰写本书的愿望就是为了向大家传递这个意思。

文化需要我们大家的扶持、传播、推广和创造。书名中所用的“文化立国”，已经包含了笔者的这份心愿。

第一章　全球化过程中的文化

全球化凸显多种文化的存在

1996 年，美国国际政治学家、哈佛大学教授塞缪尔·亨廷顿所著的《文明的冲突》一书出版。

该书的问世给世界带来巨大冲击。亨廷顿教授在书中预测，东西方冷战结束后的世界，文明和文化将以国家和民族自信为依托发挥其重要作用，文明之间的冲突不可避免。就在亨廷顿教授为世人敲响警钟后不久，阿富汗战争、伊拉克战争相继爆发，伊斯兰极端主义势力在世界各地纷纷抬头，这些事实至少部分印证了亨廷顿教授的预言。

应当说，自从《文明的冲突》出版后，文明和文化的重要性在国际社会上得到了前所未有的彰显。也正是从这个时候起，人们普遍认识到其功罪并存的两重性，即地球上的文明和文化，对于维持和发展人类多样化所起的作用非常重要，同时也是国与国之间产生摩擦的原因之一。

亨廷顿教授把希望寄托在文明和文化上，将其视为冷战结束后建立世界新秩序的主要路径。然而在文明和文化日益彰显的背后，还有一个始于冷战结束后并且正在席卷全球的重要动向。

这就是全球化。

全球化与国际化相比，似是而非。国际化以国界和文化等基本框架为前提，在不破坏他国基本轮廓的情况下，实现国家或地区之间的和睦相处。而全球化则是一种吞没国家或地区间的界限，在全球扩张中促其发生变化的现象。国际化的形成过程是以呵护他国的尊严为条件，而全球化则全然不顾他国死活，我行我素，厚颜无耻。这让人不禁联想起一个人鞋也不脱，大摇大摆闯进别人家的客厅，一屁股坐到沙发上，跷起二郎腿，一派骄横跋扈的流氓作风。而且这个人还自命不凡，高压胁迫他人无条件顺从自己，这就是所谓的全球化。

显然，这场全球化的震源就在美国，而且全球化与美国化几乎成了同义词。美国现在的优势得益于“美国标准（American Standard）”的推广，让自己一手制定的标准和规范成为世界准则，在那些被迫追随自己的国家面前占尽风光。但是，如果再这么继续下去，让“美国标准”渗透到世界各地，那么，陷入泥潭不能自拔的正是美国自己。当“美国标准”成为世界标准之日，就是美国的优越丧失之时。事实上就在2015年，世界多极化和新兴国家的崛起，已经让美国的优势大不如从前。就像百米决赛，各国都站在全球化的起跑线上，尽管美国抢跑了几步，一马当先，但其领先的距离正在逐步缩小。

总之，只要全球化还在继续，美国迟早要走到自己的尽头。曾给这个国家带来繁荣的“美国标准”也将调转方向，将美国引向衰败。如此说来，全球化这股世界潮流正在孕育一场严重危机，但是在这里论其是非，不是本书的目的。

本书关注的是近年来与全球化同时出现的反全球化主义（Anti-globalism）的新动向。

说到反全球化主义，他们在世界主要国家首脑会议和世界贸易组织（WTO）等国际会议的举办地示威抗议、破坏捣乱的事实人所共知。然而，他们不只是行为过激，在属于自己的文明和文化中寻求本国自信，试图从中发掘可以利用的价值，这种动向也是反全球化主义的直接表现。

在全球化扩张所形成的反作用下，世界上的各种文化重新浮出水面。在联合国教科文组织开展的“世界遗产”活动中，人们也可以清楚地看到这种现象的存在。

《世界遗产名录》的诞生及其成果

说起联合国教科文组织（UNESCO），尤其是对于那些在战后“婴儿潮”① 之前出生的老一辈人来说，很容易引起一种敬仰与怀旧参半的共鸣。作为联合国的一个专门机构，联合国教科文组织成立于 1946 年，其目的在于通过发展和推动教育、科学和文化事业，促进国际和平。日本在战后第六个年头的 1951 年成为该组织的成员国。

当时，日本正处于第二次世界大战结束后的复兴时期，联合国宪章开宗明义的那句话：“战争起源于人的思想，所以，必须在人的思想中筑起一道保卫和平的屏障”，在日本家喻户晓，深入人心，联合国教科文组织的活动开展得如火如荼。记得我上小学的时候，埼玉县的所泽地区出现过一个“UNESCO 村”，村里有荷兰风车等弥漫着异国风情的建筑景观，相当于现在所说的主题公园。战后日本的希望与异国文化的芳香在这个村子里飘动融合，联合国教科文组织的高大形象给当年的孩子们留下了不可磨灭的印象。

① “婴儿潮”，日语为“团块世代”，指出生于战后“婴儿潮”时期的一批人。1947—1949 年的 3 年间，日本迎来空前绝后的生育高峰，新生儿达 806 万人，后来成长为日本经济高速发展时期的中坚力量。“团块”在日语里意为坚硬的土疙瘩，作家堺屋太一在 1976 年发表的小说里最早将这批人称为“团块世代”。其后，这种叫法被日本社会普遍采用。——译者注

后来，联合国教科文组织因财政拮据而停止活动。20 世纪 80 年代，由于在运作方针上发生争执，美国和英国退出，致使该组织一度陷入危机状态（英国和美国分别于 1997 年、2003 年重返联合国教科文组织。但是由于巴勒斯坦的加入，美国从 2003 年起停止支付所分摊的约占联合国教科文组织经费预算四分之一的会费）。到了 90 年代，曾经危机四伏的联合国教科文组织再度显示出自身的存在价值，并且一改以往以抽象活动为主的历史，着手开展让人们喜闻乐见的事业活动。

这项活动就是世界遗产名录的申报。《世界遗产名录》的诞生应当追溯到 1972 年联合国教科文组织大会一致通过的《保护世界文化和自然遗产公约》。3 年后的 1975 年，由 20 个国家共同缔结的该公约正式生效。1978 年，厄瓜多尔的加拉帕戈斯群岛、美国的黄石公园等 12 个项目被首批列入世界遗产名录。

将人类共有的、明显具有普遍价值的古代遗址、人文景观和自然风光列入世界遗产名录，其世界遗产的活动宗旨为越来越多的国家和地区所接受。这种现象的出现，与 90 年代开始的全球化不无关系。

纵观世界遗产的数量变化，80 年代的 10 年间有 267 处，90 年代的 10 年间增加到 371 处。顺便指出，仅 2000 年一年时间，注册为世界遗产的数量就达 61 处，超过以往任何一年。进入 21 世纪后，最多的一年是 34 处（2004 年），最少的一年是 9 处（2002 年），其数量变化呈现出有所控制的趋势。这也许是因为世界遗产委员会担心，世界遗产的无序增加将导致其品牌效应的降低，故而开始从严审批。

换句话来说，世界遗产的审批越是严格，申报的数量就越多，这种现象无非是全球化炒作的结果。

指定“非物质文化遗产”，承认多种价值的存在

关于联合国教科文组织这个话题，我再多说几句。

目前，《保护世界文化和自然遗产公约》的缔约国（地区）为191个，列入世界遗产名录的遗产总数为1031处①（截至2015年7月）。但是我所关注的不单是数量，还有这些堪称无价之宝的世界遗产所涉及的领域正在不断拓宽。

世界遗产原本分为三类：以建筑物和历史遗迹为对象的文化遗产、以地貌景观优美、动植物品种丰富的区域为对象的自然遗产，以及文化价值与自然价值兼而有之的双重遗产。2014年6月列入世界遗产名录的“富冈缫丝厂和丝绸产业遗产群”② 所代表的是日本近代产业风貌，属于文化遗产。另外，1993年列入世界遗产名录的屋久岛③和白神山地④等显然属于自然遗产。

总而言之，申报世界遗产的作用在于有效保护建筑和景观等物质遗产，将其世代传承。然而，我们应当留给子孙后代的遗产不仅限于有形的物质范畴。

于是，联合国教科文组织在2003年的大会上通过了关于非物质文化遗产的保护条约，开展对民俗文娱、传统工艺、祭祀典礼和社会习惯等非物质文化遗产的保护活动。

---

① 截至2017年7月12日第41届世界遗产大会闭幕，世界遗产登记总数为1073处，分布在167个国家（地区），中国有52处，居各国之首。

② 富冈缫丝厂和丝绸产业遗产群，位于群马县富冈市，建于1872年，是明治政府为促进工业现代化，从法国引进全套设备的日本第一家机械化缫丝示范工厂，1987年因生丝价格低迷而停产，但缫丝车间、蚕茧仓库、宿舍等厂内所有建筑设施保存完好，2014年被指定为世界遗产。

③ 屋久岛，距日本九州西南60公里的海岛，面积504平方公里。岛上设有野生保护区和森林生态区，其中，7200年树龄的“屋久杉”等奇异生态景观具有极高的研究价值。

④ 白神山地，位于日本青森县和秋田县，拥有世界面积最大的山毛榉原始森林。

在非物质文物的保护和传承上，日本作为所谓的先进国家，早在 1950 年就已经制定实施了文化文物保护法。在非物质文物中，文化厅将特别重要的文物指定为“非物质重点文物”，认定了一批高度体现其文物技巧或技术的传承者，即人们所说的“人间国宝”。

尽管联合国教科文组织对非物质文化遗产进行定义时吸收了日本对非物质文物进行保护的相关理念和方式方法，而非物质文化遗产得到国际社会普遍承认后的最大受益者是亚洲和非洲。因为亚非地区不比欧洲，体现“石造文化”的西洋式史诗般的建筑极少。但是，能够取而代之的是亚非地区保留的丰富多彩、特色鲜明的祭祀文化和民俗文娱活动。具体到欧洲，在那些历史上深受基督教的影响，非基督教文化几乎灭绝的地区，可称之为非物质文化遗产的项目寥寥无几。

出于这种考量，欧洲当初对联合国教科文组织开展非物质文化遗产保护活动的态度并不积极。尽管如此，《保护非物质文化遗产公约》还是呱呱落地了，因为在数量上远胜于欧洲的亚洲国家和非洲国家纷纷赞同。

从这个背景中，虽然可以看到反全球化主义者通过弘扬本国传统文化寻求精神自信的影子，但是，非物质文化遗产保护活动中存在的若干问题也应当引起我们的注意。世界遗产的定位是“应当明显具有人类共享的普遍价值”。与此相反，非物质文化遗产保护活动的宗旨是，号召人们对当地产生的非物质传统文化中将来有可能消失的项目加以保护。至于项目的价值评估、与其他项目相比是否优秀，与其宗旨没有关系。

例如 2013 年 12 月日本的“和食”被指定为世界非物质文化遗产，而“和食”并非由名厨烹饪的高级日本料理，而是自古以来在普通家庭饭桌上传承至今的“三菜一汤”，得到的评价是，食材丰富，营养均衡，益于健康，以及讲究自然之美、重视四季变化的拼盘艺术和与新年等传统节日密切结合的食文化。

在食文化方面，日本是第五个被指定为非物质文化世界遗产的国家，此前有“法国美食厨艺”“地中海美食”“墨西哥传统美食”等。而这些各有来历、各具特色的食文化之间，既没有可比性，也没有衡量其优劣的尺度可言。

实际上，世界上的非物质文化遗产种类繁多，仅日本就有“能乐”① “人偶净琉璃”② “歌舞伎”③ “雅乐”④ “小千古缩”⑤ “越后上布”⑥ “石洲半纸”⑦ ”、京都“祇园祭之山鉾巡游”⑧、秋田县的插秧舞、阿伊努的古代舞蹈、“结城釉”⑨、那智的“花牛插秧舞”⑩ 等。在中国还有昆曲、印章雕刻、活版印刷、剪纸、龙舟节、格萨尔叙事诗、蒙古歌舞、福建南音、龙泉青瓷、西安腰鼓等，范围之广，不胜枚举，人类非物质文化遗产的多样性可以从中略窥一斑。

---

① 能乐，日本传统表演艺术的一种，在江户时代以前叫作猿乐，明治维新以后与狂言一起统称为能乐。

② 人形净琉璃，亦称“文乐”，日本独有的木偶戏，由 3 人分工操作，是日本四大古典舞台艺术形式（歌舞伎、能、狂言、人形净琉璃）之一。

③ 歌舞伎，日本典型的民族表演艺术，起源于 17 世纪江户初期，演员只有男性。近 400 年来与能乐、狂言一起保留至今。

④ 雅乐，源于中国古代的宫廷音乐，演奏时常伴之以歌舞。

⑤ 小千谷缩，使用苧麻纺织的一种布料，产于日本新潟县小千谷市一带。

⑥ 越后上布，平织的高级麻纺布料，日本新潟县南鱼沼市、小千谷市为主要产地。

⑦ 石州半纸，日本岛根县西部地区、以葡蟠为原料生产的“和纸”。亦称为“石见半纸”。

⑧ 山矛鉾（中文为“矛”字。——译者注）巡游，指京都祇园节期间的最大亮点——祭神彩车巡游活动。祇园节与东京的神田节、大阪的天神节并称为日本三大传统民俗节日。其中，规模盛大的祇园节是京都八坂神社的祭礼活动，每年 7 月举办，距今已有近千年的历史。

⑨ 结城绸，高级丝绸，主要产地为日本的茨城县、枥木县一带。

⑩ 花牛插秧舞，世界文化遗产。日本中部山区那智一带流行的插秧舞。历史上每逢插秧时节，村民们便把一群装饰漂亮的花牛赶到田头，一边吹笛击鼓，载歌载舞，一边插秧。现在已演变为一种民间文艺形式。.

反全球化主义保护文化多样性的动向

古往今来，流传于各地的文化固然是多种多样的。与生俱来的多样性对于生物的存续具有非常重要的意义。例如自然界里有一种名为“食物链”的生命保障系统在不停运转，正是由于有各种生物在这里繁衍生息，这个食物链才能够成立。所以说，多样性是生物赖以生存的基础。

目前在地球上已知的生物有125万种，如果把人类尚未掌握的生物也包括进来，据说这个数字有人推测为3000万，有人推测为5000万。但是这个数字只是对生物种类的划分，其中的任何一个种类的生物又拥有多种遗传基因，更何况生物的生态系统又具体分为许多种。把物种、遗传基因和生态系统这三个部分的多样性全部包括进来，统称为“生物的多样性”。

多样性这个庞然大物支撑着地球上所有的生物，人类的日常生活也不例外。不同的语言和宗教、各种生活方式等……多样性无处不在，所以人类才得以生存到今天，而且不断增加。远的不说，地球上正在使用的语言就多达6000种，对其全部情况，我们根本就无从把握。

然而，促使人类发展而来的文化多样性，与其他生物的多样性一样，并非坚不可摧。在世界现存的6000种语言中，每年平均有30多种语言悄然消失，其命运与那些惨遭灭绝的生物种族一样。所以，我们必须坚持不懈地保护世界现有的各种文化，其先决条件是我们首先应当充分认识到多种文化的存在价值。

于是，联合国教科文组织开展活动的意义越来越明显。为了配合广泛开展的文化保护活动，该组织于2001年发表了《世界文化多样性宣言》，2005年又通过了“文化多样性公约”，全称为《保护和促进文化表现形式多样性公约》，大会的投票结果是148

票赞成，2 票反对，2 票弃权，获得绝大多数国家的支持。投反对票的两个国家分别是美国和以色列，这就意味着“文化多样性公约”的通过，也可以算作反全球化主义在文化领域里的动向之一。

将电影排除在自由贸易之外

联合国教科文组织从 20 世纪 90 年代起连续召开过以文化多样性为主题的国际会议。其实，国际上还有一个动向严重影响到该组织的行动。

这个动向就是始于 1993 年的《关税与贸易总协定》（GATT）乌拉圭谈判。当时，法国和加拿大在谈判桌上竭力主张把电影排除在取消关税的对象之外。当时正值好莱坞电影的鼎盛时期，如果任其无限制发展，美国电影大有席卷全球的危险，而首先遭遇灭顶之灾的便是法国。

在这种共同协商规范自由贸易的场合，其他国家迟迟没有反应，以美国为主的反对意见来势汹汹，也是理所当然的。但是，法国寸步不让，在其后的世界贸易组织（WTO）等国际会议上一再重申自己的主张，以至于每当法国代表开口发言，坐席上总是嘘声一片：“又来了……”，以至于会场里的气氛冷淡了许多。

结果，法国以顽固不化和又当仁不让的态度，为今日肯定文化多样性的国际共识开启了先河。也多亏法国代表在各种场合的软磨硬泡，终于让电影和音像制品在自由贸易中享受到了“文化例外”的特权。这个结果无异于在市场经济和自由贸易为时代潮流的传统观念中，投下了一枚石子，成为各个国家重新考量本国文化的契机。

再看看与法国并肩作战，坚持“文化例外”的加拿大。20 世纪 60 年代，加拿大国内曾经针对多元文化主义的是与非掀起过一场大讨论。加拿大由 10 个省组成，只有东部的魁北克省以法语为通用语。以大城市蒙特利尔为地标的魁北克省，除了通用法语，由来已久的法国文化气息也相当浓厚。

加拿大本来就是一个既讲英语又讲法语的国家。两种语言的并用，致使二元文化在这个国家里长期存在。其后的 70 年代，来自亚洲的移民纷沓而至，人们要求实施多元文化主义政策的呼声越来越高。在坚持两种语言、奉行多元文化主义的过程中，加拿大开展过“多元文化主义与美国的同类主张有何不同”的讨论，对本国文化的具体模式仍在探索之中。

顺便指出，尽管日本在联合国教科文组织 2005 年大会上对“文化多样性公约”投了赞成票，但是至今尚未加入。因为日本从本国的实际情况出发，既承认文化多样性的意义，又希望和美国电影一样，向海外积极输出自己的动漫产品。可以说，日本持这种态度的原因在于文化行政部门与经济产业省的步调不一致。

“文明间对话”的必要性

1999 年在西雅图召开的 WTO 大会上，法国和加拿大主张“文化例外”的热情不减，而恰好在这一年，伊朗总统穆罕默德·哈塔米提出了“文明间对话”的重要倡议。

哈塔米早年攻读哲学，在大学执教，后来成为政治家。就任伊朗文化和伊斯兰指导部长后，偏向自由派的哈塔米上任后推出一系列的改革措施，包括放宽文化行政的审批政策，准许市场销售欧美出版物等，最终在保守派的反对声中被迫下台。其后的 1997 年，哈塔米参加总统选举，在年轻人和妇女的支持下以压倒多数当选。

哈塔米就任总统后积极改善与欧美之间的关系，成为伊朗·伊斯兰革命爆发后第一位出访西方国家的伊朗总统。就任总统后第三年的 1999 年，他提出了“文明间对话”的倡议，认为正是因为伊斯兰社会与西方社会之间存在着互不相容的一面，所以才有必要开展不同文明之间的对话。这个倡议出自知识分子特有的深思熟虑和实地考察，与亨廷顿教授的《文明的冲突》背道而驰。

第二年的2000年，哈塔米总统在纽约联合国本部发表演讲，会晤美国国务卿奥尔布赖特及政府的其他要员、各派议员，巧妙开展外交活动，寻求美国各界对伊朗立场的理解。当时我正在联合国专门委员会工作，哈塔米总统的演讲引起了许多听众的兴趣和共鸣。在这次演讲的感召下，联合国将2001年定为“不同文明间的对话年”。以此为契机，“不同文明间的对话”的重要意义也得到了国际社会的普遍认同。

如此看去令人恍然大悟，原来2000年前后正好是文明与文化的国际性转折时期。法国等国竭力主张“文化例外”的起因是对美国电影的威胁，象征着这种动向的出现是与全球化背道而驰的。

互联网的普及为全球化推波助澜的作用也不可忽视。随着以英语为工具的互联网在世界上的广泛普及，人们思考方式和行为方式的英语化趋势顺理成章。从这个意义上讲，我们完全可以把互联网比喻为全球化的一支先头部队。

考虑到语言全球化问题，《牛津英语大词典》的编纂委员早在10年前就已经开始在世界范围内采集英语词汇。所以，这部词典所收录的不仅是英国正在使用的词汇，英语圈以外的亚洲和中东等地区所使用的英语单词也包含在采集对象之内。《牛津英语大词典》正在努力探索英语作为新型国际社会沟通工具的未来模式，这一点值得我们关注。

将文化作为软实力加以传播

上述做法充分体现了《牛津英语大词典》对他国文化及其多

样性的尊重。相反，国际社会也出现了与狭隘的民族主义结合的倾向，强调国家自信对文化的诉求，盲目宣扬本国文化的优越、悠久或者高雅。如果将文化露骨地利用为政治工具，文化多样性中潜在的消极因素将有大幅度升高的危险。

如果说向别国施以重压的军事实力和经济实力是硬实力的话，那么，将本国的文化和价值观推广到海外并对他国产生影响的能量，也可以称之为软实力。简单地说，这种软实力所要达到的目的就是在海外培植本国的“粉丝”。在这个方面已经率先尝到甜头的国家，莫过于让“韩流”到处扩散的韩国。

韩剧从一开始就是为海外市场量身定制的，而且播放费用非常低。对于电视剧的质量和故事情节虽然不敢恭维，但是仍然笼络了一定数量的“女粉丝”。换作日本，电视剧在海外播放必须首先征得全体演员的同意，而在韩国就没有这个必要。因此，韩剧走向世界可谓一路绿灯。在国外的不少电视台看来，韩剧不失为信手拈来填补档期的救命稻草。其实，这类电视剧本来也是为了迎合这方面的需求而制作的。

日本从2010年开始由经济产业省牵头，也将动漫和游戏等大众娱乐形式，以及现代工艺和建筑、日本烹饪等，冠以“酷在日本”之类的时髦语言，连续不断地在海外进行宣传。只不过这场宣传活动略欠新意，显然是英国布莱尔政权推行的国家品牌战略——“酷在大不列颠”的翻版。

总之，在对外宣传本国文化方面，亚洲的中国和韩国已经遥遥领先于日本，这是不争的事实。

法国的文化立国战略

在对外宣传中将文化用作软实力的尝试并非始于近年。早在20世纪50年代，法国就已经这么做了。那么，为什么开启先河的是法国呢？这与第二次世界大战后美国的崛起不无关联。

欧洲曾经是世界政治经济的中心。盛行于 15 世纪大航海时代的“欧洲中心论”发展到 18 世纪以后，欧洲以其雄厚的经济实力、技术实力和军事实力凌驾亚洲，欧洲文明席卷世界。直到第二次世界大战爆发之前，“欧洲中心论”的影响始终占据上风。但是，原本属于二流的美国文明在战后影响越来越大，欧洲的实力相对走低。

1954 年，处于上述形势中的法国，在曾为自己殖民地的越南的独立战争中战败。同年，北非的法属国家阿尔及利亚也爆发了独立战争，并且一直持续到 1962 年。这一年，阿尔及利亚获得独立。

本来，法国在世界各地拥有大片的殖民地，其地位仅次于英国。但是，由于亚洲和非洲的殖民地相继丧失，迫使法国面临一次重大选择。失去殖民地后的法国，其存在价值严重缩水，只好背水一战，决心让整个国家彻底转型，走出一条以文化为中心的发展道路。其始作俑者，正是 20 世纪 50 年代末到 60 年代担任法国总统的夏尔·戴高乐和文化大臣安德烈·马尔罗。

1959 年，法国文化部从国民教育部独立出来，首任部长安德烈·马尔罗大力推行文化民主化政策，不分地区、不分阶层，让历史上专供城市富人阶层享受的艺术文化，成为普通民众喜闻乐见的娱乐工具。具体来说，他们在法国各地建立了集剧场、影院、图书馆和美术馆于一体的综合设施——“文化之家”，便于广大市民接触各种艺术文化。

“文化之家”由非盈利社会团体负责运作和管理，当地居民共同参与，行政当局派遣的艺术监督人员与当地人一起独立策划实施各种文化活动。通过这种运作模式，为这些文化设施源源不断注入艺术活力，使其避免沦为所谓的“形象工程”。

60 年代的法国，电影业掀起了“新浪潮运动（Nouvelle

Vague）”、美术界出现“新写实主义（Nouveau Realisme）”等，新颖的艺术活动如火如荼，遍地开花。其实早在19世纪中叶，法国一度否定了豪华奢侈的贵族文化，当时开展的文化运动促使印象派等优秀的市民文化走向成熟，此举让法国人在世界上引以为自豪，在这片文化艺术底蕴丰厚的土地上，戴高乐政府勾勒出一幅崭新的文化战略蓝图。

振兴文化，肩负起欧洲发展的重任

法国之所以大力振兴文化事业，除了上述殖民地减少和国力下降的原因，从20世纪60年代起世界的现代艺术中心逐渐向纽约转移也是其中的重要因素。战后的美国经济发达，充满活力，纽约让世界上各个门类的艺术家趋之若鹜。再说，文化和艺术的嫌贫爱富也是世代相袭的人之常情。

然而，进入70年代以后不久，法国凭借一个天大的建设项目，似乎在一个晚上就把现代艺术中心的桂冠从纽约夺回到巴黎，这就是赫赫有名的“蓬皮杜中心”

1977年落成的“蓬皮杜中心”位于巴黎市中心，是一座由国立现代美术馆、剧场、电影院、音乐研究所、图书馆等组成的综合文化设施，尤其是它的美术馆，馆藏作品超过6万件，是当代欧洲规模最大的现代美术馆。虽然这个项目自60年代就已经开始规划，而1969年就任总统的乔治·让·蓬皮杜参与和推动了工程的立项和建设，故以其名冠之。略显奇特的建筑风格，让“蓬皮杜中心”成为巴黎颇聚人气的亮丽风景。开馆以后，慕名而来的各地游客已经接近两亿。“蓬皮杜中心”不愧为一座现代艺术的宝殿，它所发挥的最大作用是让更多的市民亲近艺术。

进而在1981年密特朗的社会党执政时期，年轻有为的文化部长杰克·朗为了让本届政府从历届政府中脱颖而出，与密特朗总统共同决策，使得 1982 年的文化预算比上一年翻了一番。其后，法国的文化预算不断增加，2001 年增加到 2918 亿日元，2014 年高达 4474 亿日元，占到国家预算的 1.06%。

密特朗总统和杰克·朗一起开展的事业大体可分为两类，一类是与“蓬皮杜中心”工程相同，采取保守或者传统工艺手法的文化措施。这就是全面推进总统亲自决策的“巴黎城市再生计划”——也就是为总统的躬亲力行树碑立传的大规模建设活动。具体包括罗浮宫美术馆大规模改造计划、国立图书馆新建工程、新巴士底歌剧院以及形如凯旋门、用于国际通讯中心的“新凯旋门”。

另一类是开展名为“拓宽文化领域及其民主化”的文化运动，目的是让文化政策的扶持对象扩大到大众文化和文化产业，而不是像以往那样局限在区域文化和高端文化上。在民主化方面实施地方分权法，将中央政府把持的若干权限委让给区域圈的议会，从根本上改变法国传统的中央集权体制。与此同时，增设区域圈文化局的远程管理功能系统（Dell Remote Access Controller，DRAC），目前，这个系统已经增至 27 处，成为地方开展文化活动的中枢。

与“文化范围的扩大”和“文化民主化”相关的具体项目还有，以前没有列为扶持对象的木偶剧、轻歌剧、马戏、杂技以及烹饪等。为了把年轻人的能量散发出来，为文化政策注入活力，流行音乐、摇滚等青年文化也可以成为扶持对象，

说起 20 世纪 50 年代末启动的“文化民主化”运动，安德烈·马尔罗推行的“文化之家”在其任职期间只完成了 7 处，可谓雷声大，雨点小。而杰克·朗的文化政策无论从规模还是从内容来看，其实效性远非安德烈·马尔罗可比。有一点提醒各位，我在这里无意贬低法国文化部对老艺术团体的关怀以及对区域圈文化局的领导。

尽管是一波三折，但是从全局的高度来看，法国自 50 年代后所走过的历程完全符合“文化立国”这句口号。假如法国在战后没有失去殖民地，继续身为肩负着“欧洲中心主义”重任的大国，那么，今天还有没有“文化立国”的法兰西形象还是问题。例如战后的英国，由于殖民地政策的灵活变通，与各个殖民地国家之间相安无事，而且在经济方面始终保持着稳定的发展局势，国际地位没有动摇。所以也就没有必要像法国那样推行文化中心主义，让整个国家脱胎换骨。

法国之所以决心将文化作为国家战略，无非是因为美国的崛起动摇了它在国际社会上的地位。即便如此，在半个多世纪以前的那个年代，还没有哪个国家能够想到，“文化”这种东西还能成为国家的软实力。戴高乐总统和安德烈·马尔罗高瞻远瞩的一系列举措，令人震惊，密特朗总统和杰克·朗虚心吸取前辈经验，联手制定的文化政策也受得了人们的好评。

90 年代以后，法国以外的国家都受到了全球化大潮的洗刷。美国经历了同时多发的恐怖事件以及后来的伊拉克战争，终于认识到了文化完全有可能成为一种软实力。尽管这些国家与法国相比几乎迟到了半个世纪，可是他们在近几年里竞相出手，左右开弓，不遗余力地宣传本国文化，让土生土长的本国和本地区的文化吸引异国民众的眼球，替本国笼络更多的“粉丝”。

然而在这种环境中，在先进国家里却有这么一个国家，它对本国文化的传播并不热心，不愿意向世界讲述自己的文化和历史，面对围绕文化团团转的大千世界，麻木不仁，无动于衷。

大家不必左顾右盼，这个国家就是我们日本！

日本对世界遗产的误判

日本加入“世界遗产公约”的具体时间是 1992 年，而“世界遗产”活动在联合国教科文组织的大会上表决通过是在 1972 年。所以说，经历了整整 20 年的时间，日本才终于成为“世界遗产公约”的合作伙伴。欧洲的情况姑且不论，即便与亚洲和阿拉伯地区的国家相比，日本也是姗姗来迟。顺便介绍一下，亚洲的伊朗加入该公约的时间是 1975 年，印度是 1977 年，中国是 1985 年，就连最晚的韩国也是 1988 年加入的。

在主要的先进国家里只有日本明显落后。那么，为什么日本加入“世界遗产公约”的时间如此之晚呢？

原因是多方面的，其中之一是日本对“世界遗产”这项行动的发展前景做出了误判，没有料到它会成为声势浩大的世界级活动。如果说当时做出的评价不足，也并不为过，但我们还是不能不承认，在对待国外出现的这类最新动态上，日本的反应确实有些迟钝。

日本对“世界遗产”做出错误的研判也有其必然的一面。当初，“世界遗产”是在欧洲为主的 20 个国家撮合下启动的，项目申报的地区也偏于欧洲。正如我之前讲过的那样，欧洲属于“石造文化”，结构牢固的文化古迹容易保存到后世，这就意味着欧洲在申报世界遗产过程中享有得天独厚的优越条件。关于这个问题，在 1964 年威尼斯召开的第二届历史古迹建筑师及技师国际会议上表决通过的《威尼斯宣言》里也作了明确阐述：对列为保护修复对象的古建原始风貌进行科学鉴定，确定已发现的原始材料的具体部位，添加材料应尽量少用且须易于辨别。所以，只有满足这些条件才能称之为再建项目。

反观日本，由于传统建筑属于“木造文化”，可以作为文化遗产留给后代的项目甚少，而且木质结构的建筑在年代考证上，其难度超乎常人想象。虽然法隆寺作为世界年代最久的木结构建筑群，已经在 1993 年被列入世界文化遗产，但是，由于木结构古建与生俱来的致命弱点，加之历史上的多次修缮，在材料的选用上新旧混杂，所以，当时对法隆寺是否为古建的实际考证十分困难。

考虑到这种情况的出现，在1994年奈良召开的联合国教科文组织国际会议上，针对法隆寺这类使用新型材料修复的建筑物给出的说法是，如果这种做法只限于维持原有风貌的话，该建筑也可以列为“世界遗产”的对象。奈良会议对木结构古建的价值重新给予了高度评价，有助于扩大“世界遗产”的申报范围，但是，对“世界遗产”偏向于欧洲的指责仍然不绝于耳，直到现在，这个问题也没有彻底解决。

因此，在日本人眼里，“世界遗产”原本就是为欧洲量身定制的，不会在世界范围内得到推广。不料想，到了20世纪80年代，亚非地区申请加入“世界遗产公约”的国家陆续增加，等于说，日本是跟在这些国家的屁股后面，并不情愿地加入进来的。

日本在“世界遗产”方面出手迟缓，不止一次。就在日本成为“世界遗产公约”缔约国的1992年，联合国教科文组织决定发起“世界记忆”活动（通称为“世界记忆遗产”）。将那些值得人类记忆并且能够传给后代的文献资料列入《世界记忆遗产名录》，其中包括历史档案、古籍、绘画和地图，也包括音乐作品和影像资料。目前已经指定为世界记忆遗产的有《安娜的日记》《古腾堡圣经》《贝多芬第九交响曲手稿》以及《〈共产党宣言〉草稿》和《资本论》的最初版本等。

面对“世界记忆遗产”，日本仍然迟迟不动。

这个话题也牵扯到了我自己，2009年7月我在担任国立西洋美术馆馆长期间，被任命为第九届世界记忆遗产活动的国际咨询委员，当时日本还没有项目被列入《世界记忆遗产名录》，况且这项活动在日本的知名度也不高。当我出席联合国教科文组织国际咨询委员会的会议，了解到记忆遗产活动的深远意义时，便与时任国际委员会秘书长的文部省官员木曾功一起，着手准备日本的申报材料。

经过一番努力，福冈县筑丰地区的煤矿画家山本作兵卫遗留的700幅有关煤矿的绘画作品，于2011年5月成为日本第一个被列为世界记忆遗产的项目。其后，联合国教科文组织国内委员会终于同意成立世界记忆遗产委员会，日本又有了新的收获，支仓常长的《庆长遣欧使节相关资料》和藤原道长的《御堂关白记》于2013年申报成功，使日本列入《世界记忆遗产名录》的项目增加到3个。

我想在这里指出的是，从联合国教科文组织决定开展世界记忆遗产活动的1992年，到日本第一个项目申报成功的2011年，日本又花去了几乎20年的时间，而且时至今日，表面上承认"文化多样性公约"的存在，但在是否加入的实际操作中仍未获得有关部门的批准。如前所述，其原因在于日本对该公约的作用疑虑重重，唯恐其干扰日本动漫和音乐作品的基本框架。可是欧盟国家却不这么认为，他们的看法是公约本身没有助长保护主义的滋生，反而为打破文化和声像作品的僵局送来了一份厚礼。对于这种看法，日本总不该充耳不闻吧。

什么是国家财富

总而言之，这种局面的形成难道不是日本长期轻视文化欠下的一笔债吗？就在戴高乐总统为法国文化的崛起摇旗呐喊的20世纪60年代，日本正在通往工业化的道路上阔步前进，义无反顾地跨过了70年代、80年代，对工业产品的精益求精，终于让日本成为雄冠世界的工业大国。同在此期间，日本文化始终被置于其次、再其次的位置上。

问题还在于明知泡沫经济破灭的转折期已经来临，日本却仍然继续“追啄”经济高速发展时期的残羹剩饭，没有及时抓住泡沫破裂后出现的良好转机，结果造成了一个让文化无所作为的空白期。

对于资源匮乏的日本来说，发展工业的重要性是显而易见的，但是，明治时期以来偏重工业所导致的一系列问题也是不容否定的。长期以来，工业的发展帮助日本走上了富国之路，然而，衡量国家财富的指标不单是工业产值。

2012 年 6 月，联合国大学牵头的国际项目——“国际全球环境变化人文因素计划（IHDP）”向里约“20+峰会”提交了一份题为《包容性财富报告 2012》（*Inclusive Wealth Report 2012*）的报告书。由剑桥大学的帕萨·达斯古普塔名誉教授等专家主持起草的这份报告认为，国内生产总值（GDP）体现的不过是财物和劳务的流动，并非衡量国家财富的尺度。因此，仅凭 GDP 多寡判断一个国家的经济形势，如同一个企业不看资产负债表，只凭第四季度的利润来判断公司的经营状况。在衡量一个国家拥有多少财富的时候，应该根据该国的石油和森林等自然资源、教育水平、劳动力的熟练程度、社会基础设施是否完善和机械化程度等要素，进行综合评估。这就等于把自然资本、人力资本和人工（物质）资本假设为库存，然后将其数据化。

据《包容性财富报告 2012》称，2008 年的阶段性财富总额(美元)，美国为 117.7 万亿，日本为 55.1 万亿，中国为 20 万亿，德国为 19.5 万亿，英国为 13.4 万亿。从目前的 GDP 看，中国已经超过日本，可是 2008 年日本拥有的财富是中国的 2.8 倍。如果再按人均计算，日本为 4200 万美元，超过人均 3900 万美元的美国，居世界第一。这组统计数字对日本人来说似乎有点羞于出口，但是观其内涵，在一定程度上还是能够令人信服的。比如 3100 万美元的人力资本，约占财富总额的 74%。而沙特阿拉伯的情况是本地自然资本充足，所以人力资本仅占 31%。英国最多，大约占到了 86%。德国从 1990 年算起，用了 18 年时间将人力资源的比例提高了 50%。日本为了维持国家富强所付出的巨大人力资本，在这里体现得一览无余。

若要拥有丰富而充足的人力资本，只能依靠教育。虽然这个道理不言自明，但是这里所指的教育并非单纯的学校教育。“人人受教育，人人教育人”，意思是不仅要让受教育者在教育机构里接受教育。为了在社会大环境中，在区域社会和左邻右舍中生存下去，他们所能接受的正面影响有多少？在家庭内部能否为他们倾注更多的爱情，让他们享受到属于自己的那份爱？他们能否在尊重别人的基础上相互理解，在同龄朋友和知己面前摆正自己的位置？总之，只有让人们获得如此全面的教育机会，才算得上是提升人生价值的教育。

为此，我希望各种机会、空间和岗位都能够酿成一种包容他人、童叟无欺的理想环境。具体到教育机构，最好的条件莫过于拥有充分的时间、充足的空间、充裕的预算以及雄厚的师资力量。如果把这些愿望作为一种尺度的话，那么，将未来寄托在青少年身上的我们，是不是应当立刻行动起来，认认真真地核实一遍，在现在的青少年当中究竟有多少人正在享受这种优越的教育条件。

在提升人力资本的基本素质方面，与教育同等重要的还有文化，文化的充实极为重要。这里所说的充实，首先是对母语的尊重和日语的对外普及。其次是谋求日本传统文化的继承和渗透，同时让以大众文化为代表的现代文化事业充满活力。进而言之，在容纳不同文化的过程中，如果日本文化在其他文化面前能够做到机动灵活游刃有余的话，日本的人力资本必将继续保持在更加优秀、更加雄厚的水平上。

文化可以富国，也可以育人。然而就日本而言，战后从偏重经济的基本国策中发展而来，社会发展始终向财富倾斜，以至于文化的弘扬何止是缺失，甚至对那些享誉世界的文化也视而不见。

战后，品质优良的工业产品的确让日本在世界上拥有不少“粉丝”，但是这份功劳归根结底还是要归到“Made in Japan”的头上。在过去的年代里，由于我们长期偏重经济，忽视了文化的宣传，这一点从外国游客到访日本的人数中便可得到印证。

2013 年访日的外国游客首次突破 1000 万人，而这个数字在 2003 年还是 521 万，在过去的 10 年里翻了一番，而且 2014 年又增加到 1341 万，延续了日本求之不得的增长趋势。

然而，这个数字在世界最大旅游国的法国，是 8300 万人，第二位的美国是 6700 万人。在这组数字面前，日本也显得太寒酸了。实际情况岂止如此，俄罗斯（2500 万人）和墨西哥（2300 万人）姑且不论，日本连加拿大（1600 万人）和波兰（1400 万人）都不如。

远东岛国的地理位置，居高不下的物价水平，导致来日本观光的外国游客少得可怜。那么，日本果真是一个没有魅力的国家吗？当然不是。历史悠久的文明国度，四季分明的自然风光，高度发达的基础设施、一尘不染的城市空间，更何况还有许许多多世界上绝无仅有的独特文化。

如果日本文化真的荒芜到外国人望而却步的地步，那也就罢了，可是自己明明坐拥丰富多彩而又别具一格的灿烂文化，却始终懒于宣传，结果正中了人们常说的那句俗语——捧着金碗讨饭吃。日本文化之所以迟迟不能走出国门，对外宣传不到位固然是其中的主要原因。可是在实际生活中，身为当事者的我们这些日本人，对自己国家的文化又了解多少呢？问题就出在这里！一个对本国的魅力熟视无睹的国民，还能指望他主动向别的国进行宣传吗？

那么，什么是日本文化的特色和魅力呢？工业产品给战后的日本带来了繁荣，殊不知，做工精良的优秀产品也是日本文化绽放的一朵鲜花。在下一章里，我准备论述的就是日本文化的特色。

第二章　日本文化

日本：一片得天独厚的土地

大约是40年前——具体时间已经记不准了，我开着一辆破旧的“德国大众”整整跑了一天，从罗马来到巴黎。

路过意大利和瑞士的时候，一路都是悬崖峭壁和穿山的隧道。进入法国境内——隐约记得是在第戎到巴黎之间，却一条隧道也没有遇见。时而舒展时而蜿蜒的道路两旁，连绵起伏一望无边的田野上覆盖着各种庄稼。大自然的恩赐让我激动不已。也许是因为这里留给我的印象过于深刻，我开始反思自己。年轻时的我，对厮守在山间狭窄的平地上精耕细作的日本农业，竟然从来没有这么关心过。

大约十年前，我的印象变了。

从美国伊利诺伊州的芝加哥到尚佩恩，我也是开车去的。在长达200公里的路途中看到的全是小麦和玉米。我一边握着方向盘，一边犯困，无非是因为眼前毫无景色可言，一切都是那么枯燥，令人难熬。

美国农业让我感到意外，只能用“品种少，规模大”来形容。据说美国家庭农业的户平均耕种面积为200公顷。几乎是日本农户的200倍。据传，美国的农户虽然拥有大片的耕地，可是他们的日子过得并不轻松。因为还有规模更大、效率更高的现代化农业企业，骑在这些散户们的头顶上。正因为如此，动辄几千公顷的超大规模的农场不断出现。我在伊利诺伊州路过的那些地方，也许就是连接成片的超级农场。这种规模大得出奇的农场是我们日本人根本就无法想象的。

与不可思议的美国相比，还是日本的农业健康有序。古往今来，日本人在农业经营上无须改造自然，也从来不给环境增加额外的负担，而日本农业的最大长处在于它“品种多，规模小”，恰恰与美国相反。除了粮食，日本的农户们还坚持栽种应季的蔬菜和水果，防止土壤变质，杜绝寅吃卯粮的现象发生。难怪有人说，自然和谐的田园风光给日本带来了持续稳定的农业生产，也孕育了温文尔雅的日本文化。

日本山地居多，耕地稀少，降水量却异常充沛，而且土壤肥沃。古往今来，日本一直没有出现过用于耕作的农奴，这便是其中的原因。世界上有许多国家，由于没有像日本这样的天然良田，只能勉强耕种，种地时需要牛、骡子、驴等牲口帮忙，于是出现了比牲口更加驯服的奴隶阶层。

在日本，无论你走到哪里，只要带上一把铁锹，打下的粮食足以养活一家老小。因为耕地有限，精耕细作的庄户人家不比大规模的农业生产，既不用牲口，也不用奴隶，顺其自然的“品种少，规模小”便成了普遍现象。说到底，还是这里土地肥沃的缘故。

日本列岛的土壤之所以适合耕种，还有火山的一份功劳，火山灰含有磷酸、钾、氮等微量元素，为农作物提供了充足的养分。身为火山列岛的日本，在大自然如此这般的恩宠下，其富饶程度，可以轻而易举地让四五千万人口过上丰衣足食的生活。所以，我们有足够的根据可以证明，日本文化的形成首先得益于有条不紊的农业。

国家的长期稳定让文物保留至今

日本文化和日本社会共享的稳定环境，源自岛国特色的地理条件，这一点也不应忽视。

日本四面临海，自古以来没有受到外敌的侵犯和扫荡，虽然在太平洋战争中败北，但是在战后美军占领时期也未能改变天皇制的国体。从神话时代延续至今的天皇制，是日本文化赖以生长的一棵大树。连战胜国的美国也没有让战争伤害到日本文化。说到这儿，我不禁想起了阿富汗，战乱即将结束的2002年，位于喀布尔的阿富汗国家博物馆门前悬挂着一条横幅，上面自豪地写道：只要这个国家的历史和文化还在，这个国家就没有灭亡。

日本文化没有遭受到外敌侵蚀的有力证据大概要数正仓院了。圣武天皇、光明皇后的宝贝就长年保存在这座几乎没有安保措施的木结构建筑里。我可以断言，这种做法在国外是绝对不可能有的。如果是外国，一旦发生战争，如此简陋的设施顷刻瓦解，藏品也将不翼而飞。尽管日本从古至今也多次卷入过战争，但是这里的文物仍然保存得完好如初，这不能不说是个奇迹。这是一个多么祥和、多么稳定的国家！这是用尽世界上的所有常识也难以想象的。况且，经社会名流和寺院神社之手辗转保存的这些传世珍宝，其数量之多，内容之丰富，在世界上也是数一数二的。

比如中国的文物从唐代起就开始流入日本。日本从室町年间（1336—1573年）开始向中国订货，委托中国制作了许多陶瓷之类的工艺品，目前仍有许多精美的中国工艺品保存在日本。而在身为产地的中国，除了故宫博物院里收藏的文物，民间的祖传文物所剩不多，反倒是日本存有许多讲述中国文化故事的风流逸品。

在欧洲，深藏密室被人忘记的遗宝被后人发现的故事常见于报端。因为战争一来，这些宝物将被悉数掠走，所以，避人耳目的隐藏是最好的防卫手段，结果被后代偶然发现。在日本，战乱和掠夺鲜有发生，所以，类似藏匿的遗宝又重见光明的新闻很少，这也正好见证了日本是一个和平的国家。

许多文物珍宝在历朝历代的神社佛堂，或者达官贵人的手中相传，辗转收藏，几易其主，流传至今，这就是日本宝物的传承之道。而这些文物的新旧主人在政治或宗教上并非冤家对头，所以一旦提起旧主人的尊姓大名，兴许还能抬高文物的身价

令人扼腕的是明治初年，日本全国发生的那场愚昧无知而且近乎疯狂的“废佛毁释①”运动。如果没有那次浩劫，肯定会有更多的宝贵文物保存下来。巴黎专门研究东方美术的吉美美术馆收藏了许多日本佛像，明治期间的废佛毁释运动发生期间，大约有一万多尊佛像送到那里暂避一时，然后便一直留在那里，最后不了了之。如此说来，当年在“废佛毁释”中逸散的佛像可以说不计其数，加之明治以后有人远渡重洋来到日本大量收购文物，致使各类文物外流严重。然而在这种情况下，仍有许多文物得以保存。日本文物收藏的历史之久，底气之足，不得不令人感到惊讶。

这种结局的出现得益于日本社会的长期稳定，同时也因为外来文化对日本的侵蚀并不严重。因外来文化传入，让人们的生活模式和思维方法为之一变的现象，日本有史以来就不曾有过，这样的国家在世界也非常罕见。

灵活吸收外来文化

于是，或许有人会说，没错！岛国日本世代传承连绵不断的

① 废佛毁释，明治元年（1868 年）3 月，日本政府颁布“神道国教化”政策，引起一场大规模的排斥佛教运动。日本各地有许多寺院被捣毁，数以万计的佛像和经书遭到破坏和丢弃。

文化，自古以来，纯正无比。而我的看法是日本文化绝对没有那么纯！

外来文化对日本文化的侵蚀微不足道，这是事实。但是，这并不等于外来文化没有来过。外国文化也传到了日本，只是日本人没有站在敌对的立场上一概排斥，而是婉转地接纳了它，让它在不经意间融化在日本的传统文化里。日本人没有把外来文化当作异己分子来对待，而是把不期而至的外来文化视同为自家药箱里的一方小药，不管有效没效，先存起来再说。总之，对待外来文化善于采取灵活变通的态度，这也是日本文化的一大特征，而且是极具特色的地方。

从这个角度观察日本文化，比如从平安末期到镰仓时期，运庆和快庆等著名佛像大师的作品就非常逼真，因为他们受到了中国当时流行的写实主义艺术手法的影响。其后的宋代，以朱子学说为主的新儒学盛行一时，于是，日本又兴起了“宋学热”，以“五山文学”[①] 为代表的知性而高雅的文化渐渐繁荣起来。

再说公元6 世纪佛教刚刚传入日本的时候，与日本原有的宗教之间并没有发生明显的矛盾冲突。佛教传入后不久，便有了“神佛习合”[②] 之说，而且不知从什么时候起，佛教的寺院里开始供奉守护神，竖起了“鸟居”[③]，日本祖传的神和来自大陆的佛形影不

---

① 五山文学，受中国的宋元文化影响，镰仓时代（1192—1333 年）后期至室町时代（1333—1573 年）由“奈良五山”和“京都五山”的禅宗僧侣为主积极倡导的汉诗、汉文、书信、日记的总称。其特点是疏离社会、孤立于近古文学发展，其流行与室町幕府封建制的确立同期，实现了古典与贵族、地方与庶民这两种对立文化的融合，对于当时的政治、文化乃至人生观方面都产生了不可忽视的影响。五山，中国南宋的官寺制度，即拥有朝廷任命住持的五所最高禅寺。

② 神佛习合仏，日本历史上出现的一种宗教现象，日本的神道信仰与佛教信仰混合后，重新形成的一种信仰体系。自公元 8 世纪的奈良时期逐渐形成，到了 10 世纪的平安时代后期基本完成。

③ 鸟居，日本神社的附属建筑，类似牌坊，代表神域的入口。

离，和睦相处。还有大陆传来的汉字，后来也用作“片假名”①，到了平安时代又演变为“平假名”。

外来文化到了日本人手里，经过充分的咀嚼和不动声色的改造，最终为我所用，而且得心应手。在外国文化面前，日本人表现出的灵活性妙不可言。

即使在闭关锁国之下的江户时代，日本人对外来文化也表现得相当敏感。当时，外来文化的传播者为数不多，其中有朝鲜信使。他们一上岸，当地喜欢汉学的人们就带着自己创作的诗词，到通往江户的道路两旁的客栈登门拜访，求其斧正润色。显然，这些当地人没有把朝鲜信使当成外人，而是主动拜其为师，机动灵活地与其接触。当江户时代的大学问家新井白石名声大振之时，日本的汉学也发展到了与朝鲜不相上下的水平。

战后，日本没有出现过严重的混乱局面。民主主义在日本生根发芽，在很大的程度上依靠的是日本人为我所用的灵活性。再加上日本人骨子里就有的齐一性，因为日本人始终认为自己是单一民族。第二次世界大战后，日本能够让民主主义在短时间内平安落地，其原因就在于日本人与生俱来的灵活性和齐一性，而这样的国家在世界上也不多见。

日本文化：沉默寡言，性格内敛

只可惜日本人养育的日本文化的特征，日本人自己却不求甚解。

也是出于这个原因，在外国人面前能够把日本文化的优点解释清楚的人才，在日本十分紧俏。明治年间，曾有冈仓天心、新

---

① 假名，日本的表音文字，借用汉字的音和形，而不用其意，故称“假名”（汉字为“真名”）。假名分为“片假名”和“平假名”两种。片假名源于汉字楷书，初现于公元 8 世纪的奈良时期。平假名源于汉字草书，10 世纪的平安时期开始流行。

岛襄和铃木大拙等知名人士在国际上积极传播日本文化和美术作品的价值，如果当今日本也有这么一批如此务实的人物该有多好。人才难得啊！美术作品也好，工艺品也罢，如果不把它的来龙去脉说得头头是道，日本文化就难以得到世界的理解。话虽这么说，但不意味着日本的文化艺术晦涩难懂。事实也并非如此，但凡是日本文化都有一个共同特点，作品本身的话语不多。即属于“沉默文化”。

从整体来看，西洋文化过于张扬，作品本身自我炫耀的成分较多。如绘画之类的作品常与基督教结合在一起，借所谓教义之口灌输于他人。

然而日本的美术作品，尤其是佛像等，总是目不斜视，默默不语。尽管其中也不乏描绘释迦牟尼前世故事的作品，如法隆寺收藏的玉虫厨子①的“舍身饲虎图”，但这毕竟不是日本美术的主流。人们对直接传递某种信息或者表现某个故事情节的作品，通常持否定态度，至多是不置可否，或者对其寓意视而不见，徜徉在良辰美景、花鸟风月的世界里。从缺乏针砭时弊的意味来看，日本文化当属于性格内敛的文化。

所谓沉默和内敛，如果换个角度来说，则意味着作者和观众之间相距不远。本来，作者和观众之间心心相印，相互理解的成分较多，所以最终形成了有意省去烦冗说明的“沉默艺术”。作者不必引经据典，观众自然心领神会，在这个前提下形成的文化便是日本文化。

山乡文化，源远流长

性格内敛从不张扬的日本文化崇尚自然。这一特色在同时代

---

① 玉虫厨子，奈良法隆寺收藏的飞鸟时代（592—710 年）的橱柜。日本国宝。高 2. 33 米，由宫殿形的柜橱和须弥座组成。因其饰有金花虫羽翅，故得此名。

的外国文化里也有，只是日本更为突出。

1653 年，号称“世界最美灵庙”，耗时 22 年的印度泰姬陵竣工。在莫卧儿王朝的鼎盛时期，第五代皇帝沙贾汗为纪念爱妻泰姬·玛哈尔修建了这座灵庙。从世界各地应聘而来的能工巧匠各显其能，落成后的泰姬陵美轮美奂，碧玉、翡翠、绿松石、玛瑙等名贵宝石独具匠心地镶嵌在纯白色大理石的外壁上，雍容华贵、高尚典雅的艺术风格令人叹为观止。

泰姬陵落成大约 30 年后，巴黎近郊出现一座庄严宏伟的建筑——凡尔赛宫。这座房间数量多达 2300 的宫殿富丽堂皇，让所有到访者惊叹不已。尽管其豪华程度足以彰显路易十四的强大权势。可是这座凡尔赛宫却让人看不出艺术的高尚。说得直白些，这是一座集炫耀和铺张于一体的大宫殿。

就在泰姬陵、凡尔赛宫相继落成的公元 17 世纪，日本建造了桂离宫。[①]

这三座历史性建筑有一个共同之处，这就是从河里引水，景区内池水荡漾。但是，河水的引流方式和用途，这三座建筑却各有千秋，尤其是凡尔赛宫和桂离宫，可以说迥然不同。凡尔赛宫是采用超大型的扬水设备，从远离 10 千米以外的塞纳河汲水，再通过长长的水渠将水输送到宫殿。塞纳河水源源不断地流入到巨大的蓄水池里，供喷水庭园使用。据说修建这座喷水景观动用的劳力比整个宫殿还多。

桂离宫的湖水是从流经此地的桂河引来的，所不同的是桂离宫因地制宜，利用自然地形将水汇集起来。一座座古朴典雅的歇山顶建筑，错落有致地点缀在湖边。与凡尔赛宫在没有水源的地

---

① 桂离宫，位于京都，原名桂山庄，建于日本元和六年（1620 年），因桂川流过而得名，从选址到景观规划都追求简朴而贴近自然。明治十六年（公元 1883 年），桂山庄成为皇室的行宫并改称桂离宫，被欧洲现代主义者视其为日本传统的精华。

方构建喷水景观的设计相反，桂离宫灵活运用了自然条件，不去惊动原有的自然环境，形成了建筑与自然融为一体的和谐空间。这座典型的日本庭园在设计上颇具匠心，处处体现了人与自然的亲密关系。

这三座建筑的区别暴露了各自不同的审美意识和艺术构思，并且告诉我们17世纪的世界是如何圆满实现文化多样性的。同时也让我们不得不反思，在文化多样性的维系上，现在的我们与那个时代相比，究竟付出了多少。

我想，是日本源远流长的山乡文化孕育了桂离宫的美。京都是典型的盆地，中央地势平坦，四周群山环绕，山脚下散落着许多寺院和神社，桂离宫、修学院离宫、金阁寺和银阁寺也在其中。建筑与自然在这里邂逅，彼此熟悉，相得益彰，每一处景观都以自己丰富的表情渲染着平原与山地结合部的自然变化。祥和安稳的自然环境呵护着人们日出而作，日落而息，好一处舒适温馨的幸福家园！在欧美，最先竣工的人与自然完美结合的建筑，是美国建筑大师弗兰克·劳埃德·赖特在20世纪30年代后期设计完成的考夫曼别墅，也叫落水山庄。

日本的山乡文化不仅反映在寺庙神社等建筑上，花鸟风月的画作和“和歌[①]”等文学作品中也有山乡文化的影子。到了江户时代，虽然源于江户的“町人文化”[②]渐渐走红，但是，与抚育了山乡文化的大自然友好相处，仍然是日本基层文化的一个良好习惯。

---

① 和歌，日本古典诗歌的总称，其中以31个音节为限、以“五·七·五·七·七”为格律的短歌为主，作者多为女性。

② 町人文化，日本元禄时期前后（17世纪末—18世纪初）形成的文化。“町人文化”是城市商业经济发展的产物，被称为“町人”的城市商人、手艺人等市民为主要文化力量。

文化是一池温水？

在此，我想重新思考一下文化的本质。

在上文中使用了“基层文化”的概念，指的是存在于我们内心深处的思想、感性，或者行为方式及习惯等，细说起来，只要是日本人，人人有份，已经融化在各自的血液之中。

从这个意义上说，我认为所谓文化，是不是很像一池温水呢？舒适到没有人意识到它，却在尽情地享受着它。这也许就是所谓的“文化”。比如日本人过年的时候有喝“七草粥”的风俗，有人说是为了养胃，因为过年了，吃了许多大鱼大肉。也有人说是为了驱鬼避邪。这里面的理由或是道理，知与不知都无所谓，反正新年伊始，全家人总要一起喝一顿粥。

当然，老生常谈的所谓“文化”，其内涵也是形形色色的，尤其是人人共享的基层文化，虽然没有清晰醒目的外观，也不是上天恩赐的尤物，却在不知不觉之中渗透到人们的全身，这种难以名状的积淀，我认为就是文化。

在人们心中潜移默化的东西，往往是人们赖以生存的智慧和力量。这是东日本大地震发生后，三陆灾区告诉我们的另一条重要经验。在历史上曾经多次遭到海啸袭击的三陆海岸，人们从海啸中总结出许多经验教训，并且以各种形式广为传播。

仅从近代史来看，三陆海岸在明治二十九年（1896 年）和昭和八年（1933 年）的两次大海啸中受灾极为严重，记录当时海啸之恐怖程度的石碑随处可见，当地流传的儿歌也唱出了海啸的惨痛教训。有关海啸的各种反思不仅反映在石碑和儿歌上，那些父传子，子传孙，口头流传的谚语也引起了人们的注意。

例如，“井水少，大海啸”“海啸来之前，大海咚咚叫”“罕见的鱼儿一露头，海啸就在它身后”“地震到，高处跑，别离散，莫打闹”，等等。包括学校和当地机关坚持开展的防灾训练在内，三陆海岸已经形成了一整套如何对付海啸的所谓“海啸文化”，三陆的“海啸文化”在2011年的东日本大地震中也发挥了不小的作用。

东日本大地震让三陆海岸再次付出了惨痛代价，而明治二十九年（1896年）的大海啸比这次严重得多。岩手县宫古市的田老地区，在明治和昭和年间的两次大海啸中遭受的是灭顶之灾。战后修建的防潮大堤号称世界之最，就在这个位置上，曾经有八成人口在当年的明治大海啸中丧生。据说同在岩手县的斧石町（当时的地名），在那次大海啸中有六成人口遇难，沿岸的村落一个不剩，全被冲毁。

顺便提示一下，明治大海啸的浪高峰值，与这次的东日本大海啸基本持平或许还略低一些，可是灾情之严重，远远超过后者。

为什么明治大海啸酿成了如此严重的灾情？因为引发这次海啸的地震震感不强（估计为2级到3级），人们没有预料到将有海啸发生，几乎所有的人都没有及时逃生。另外，海啸来袭的时间是夜晚，人们没有能够事先发现海上的异常动静。由此可见，海啸的可怕之处就在于大海啸未必是大地震造成的。这一点且不深说，关键还是在于谁也没有想到会有海啸发生，对这次有悖常理的海啸疏忽大意，猝不及防，这才是明治大海啸的悲剧所在。

生活在明治年间的人们，对海啸的恐惧和教训，还有那些民间流传的谚语，不可能一无所知，只是因为那个夜晚的地震晃动轻微，所以他们没有出门避难的打算。基于这些原因，三陆地区的“海啸文化”在关键时刻，也十分不幸地失去了自己应有的作用。

明治年间的大海啸给田老地区造成的死亡人数超过1800人，而在这次的东日本大地震中，该地区的遇难者为185人，据说还有一部分人过度相信高达10米全长2千米的防潮大堤，迟迟不肯离家躲避。尽管如此，死者的人数还是明显减少，代代相传的“海啸文化”在这次海啸中终于发挥了作用。

“海啸文化”不仅表现在地震和海啸的应急处理上，在灾后的重建中，深入人心的“海啸文化”仍在发挥着重要作用。且看三陆灾区的现状，传统节日和民俗活动保留完整的地区，灾后恢复的速度也最快。所以，灾后重建不能只靠经济实力，自古以来源于区域社会的、无形而有机的凝聚力，也是开展抗震救灾的重要动力。

灾后需要重建的堤坝、桥梁和道路固然重要，过去的传统节日和民俗文娱活动等非物质文物也要设法恢复，历史传承的“海啸文化”应当进一步弘扬，只要立刻行动起来，这些做法都不失为灾后复兴的捷径。

我们的生活和文化紧密相关

如此看来，所谓文化绝不是与我们无缘的空中楼阁，与我们的现实生活息息相关。进而言之，让我们的生活更加幸福、更加美满的精神食粮，正是集各种智慧于一身的文化。

正因为如此，文化的形成需要相应的时间，如果以文化与现代行为和思维格格不入为由，将其轻易割舍的话，至少是不聪明的表现。

比如一个掌握了现代农业知识的青年到偏僻农村落户，开始务农时会遇到许多让他感到无所适从地方，因为无论是哪个地方的村庄，自古以来都有一套本村的风俗、习惯、规矩和办法。再比如预测天气，各地也都有自己的说法，“燕子低飞要下雨”“山戴帽，风雨到”，等等。这些习俗、规矩和预测天气的办法就是当地土生土长的，浓缩了当地生活的智慧和经验。

所以，初来乍到的人如果视而不见，我行我素，不仅容易和当地的人发生口角，也会耽误农时。在当地生活中，还有一些在旁人眼里多此一举甚至是胡闹的做法，其实也自有它存在的道理，如果不按规矩出牌则一事无成。我们常说的入乡随俗，也是这个道理。从结果上看，村里的土办法都是最省力的，最有效的生产手段，是人们安居乐业的最佳选择。

三陆地区的“海啸文化”是下沉式海岸这种特殊地形逼出来的。错综复杂的海岸线形成无数狭小的海湾，闯到这里的海啸走投无路便腾空而起，扑向海边的村镇。悲剧的发生迫使当地的人们在对付海啸上变得聪明起来。

以上事例说明，文化是在一定框架内逐渐形成的。具体到三陆海岸，其框架的构成原因之一是，当地极为特殊而且一目了然的地理条件。每个区域都有自己的框架，因而有了自己的习俗、办事规律乃至于预测天气的经验办法，所以，文化是框架的宠儿，框架越规范，轮廓越清晰，产生的文化也就越成熟，越厚重。反之，框架模糊或者飘忽不定，孕育的文化要么难产，要么发育不良。

日本四面环海，地理框架清晰。这里的地理条件自古以来没有变化，但是晋升为牢固的文化框架则是在江户时代。德川幕府的所谓“锁国政策”旨在制约，并没有断绝与外国之间的一切往来。

在江户时代的260年里，西方技术和思想很少流入日本，所以日本的现代化迟迟没有进展。然而在这种稳定的社会条件下，日本的文化渐趋成熟，高品位的文化艺术作品相继问世，其中不乏在世界上引以为自豪的佳作，如浮世绘①、歌舞伎等，文学创作的

---

① “浮世绘”，流行于江户年间（1603—1867年）的一款风俗彩画。通常以花街柳巷和戏剧风情等为主要题材，采用可批量生产的版画形式，也有手绘作品。

俳句[1]也应包括在内。但是，不应忽视的还有陶器、漆器、金属工艺、莳绘[2]、染织等做工精美工艺品，其技法之高明，身为日本人的我们也琢磨不透，在世界上也达到了令人惊诧的水准。

于是，我准备通过工艺品的历史推移，探讨一下日本文化的特质。

欧洲人赞不绝口的日本工艺品

在江户时代，各个藩地纷纷推出本地特产，作为一项经济政策，奖励民间开发生产各种手工艺品便是其中的一环。工匠们精雕细琢，互相切磋，磨炼手艺，革新技术，造型设计也越来越有品位。

不久，日本迎来明治维新的开放时代，欧洲人见到日本工艺品后赞叹不已。因为他们眼前的这些纯手工制品是他们无法批量生产的。在明治维新发生的一个世纪之前，也就是 1760 年前后，在产业革命兴起的欧洲，制造业的重心已经转移到工厂化的大批量生产。所以他们对日本工艺品的精湛技艺感到惊讶，同时也怀念起自己曾经拥有而又早已被遗忘的那些淳朴可爱的手工制品。

再者，日本朝着现代化国家迈进，当然要积极引进先进的工业生产技术，同时为了落实“殖产兴业[3]”的政策，一定要继续扩大传统手工艺品的生产规模。在现代化大工业生产方

① 俳句，嵌入季节语、17 个音节按“五、七、五”顺序分为三句的日语短诗，出现于江户时代初期。

② 莳绘，日本漆器工艺技法之一，产生于奈良时代，以金、银屑加入漆液中，干后做推光处理，显示出金银色泽，常以螺钿、银丝嵌出花鸟草虫或吉祥图案。

③ “殖产兴业”，日本在明治维新时期提出的三大政策之一，运用国家权力，加速资本原始积累，并以国营和军工企业为主导，按照西方先进国家的生产模式，大力扶植资本主义成长。

面，日本比欧洲晚了整整一百年，不可同日而语，所以我们必须将传统领域的优势保持到底。在这个时候，从欧洲传来了如雷贯耳的喝彩声，这对于曾经落后一步的日本来说，反而让坏事变成了好事。

在明治初年欧洲举办的世界博览会上，来自日本的工艺品大受欢迎，成为出口商品中的一大亮点。幕府后期，日本的出口商品多为海苔等海货，后来发展到以生丝和茶叶为主。与这类大宗商品的出口额相比，分散制作的工艺品太少。尽管如此，日本工艺品在国外的人气居高不下，需求量也在稳步增长。

说到当年日本工艺品畅销海外，最好的证明就是那个时期的产品如今在日本已经所剩无几。那些滞留在日本的产品也许都是海外不受欢迎的劣质产品。京都清水寺附近有一座名叫清水三年坂的美术馆，专门收集展出从幕府末期到明治年间的民间工艺品。2001 年开馆之时，特意到欧洲把当年日本优秀的工艺品买回来，否则，展览就无法开幕，由此可见，当年的日本工艺品在欧洲是多么受宠。

但是，从明治二十六年（1893 年）的芝加哥世博会起，日本工艺品的人气开始回落，在七年后的巴黎世博会上甚至受到了差评。

那么，曾经倍受欢迎的日本工艺品为什么会落到这步田地呢？设计制作上一味迎合西方的口味，反而为自己挖下了坟墓。明知自己的产品深受欢迎，在设计制作上更应当精益求精。可是，由于我们对欧洲人的兴趣缺乏调查，盲目生产，让“日本制造”迁就欧洲的需要，结果导致海外的评价一落千丈。欧洲人被日本独具匠心的传统工艺所吸引，但是这种表面现象也误导了日本，结果，让日本在出口商品浅薄化的歧途上越走越远。

当时的日本，还没有哪位能人能够站出来及时纠正。虽然有美国的东洋美术史专家费诺罗萨和冈仓天心等优秀的美术评论家，但是在这些专家学者的眼里，坊间工匠的手工艺品远不如艺术作品的档次高，拿不到台面上进行点评，再加上国外信息闭塞，所以传统工艺在良好的自我感觉中不知不觉地断送了自己的发展机遇。

日本文化：其优点在现代艺术中绝无仅有

海外需求缩水后，日本工艺品在国内需求的支撑下继续前行。可是到了战后，日本人的生活方式发生了变化，需求量逐渐减少。同时，民众开始将工艺品视为富裕阶层的奢侈品，这种倾向在经济高速发展时期、20 世纪 80 年代的泡沫经济时期尤为明显，特别是壶盘之类的高档瓷器经过名作家之手，俨然成为主人身份的象征。因此，工艺品的需求量虽然在整体上一路下滑，却也暂时逃脱了暴跌的厄运。

最为严峻形势出现在经济泡沫破灭之后。由于需求骤减，陶艺、漆器、金属工艺、染织等所有产地都受到了严重冲击。其实，在此之前陷入低谷也不足为奇的工艺品行业，却在这场泡沫经济中硬是挺了过来，于是在泡沫经济破灭后，日本传统工艺等于遭到了双重打击。

目前，泡沫经济的破灭让日本工艺品行业举步维艰，各个产地后继乏人。在世界上值得自豪的绝技也已经到了能否继续传承的危险边缘。

在黑云压城的恶劣环境中，我们应当首先看到出现在这里的一线光明。图 1 为 1974 年到 2009 年传统工艺品行业的变化曲线。企业数量的减少并不明显，2009 年的产值为 1281 亿日元，比鼎盛时期减少四分之一，从业人员的流失也和这个比例基本吻合。

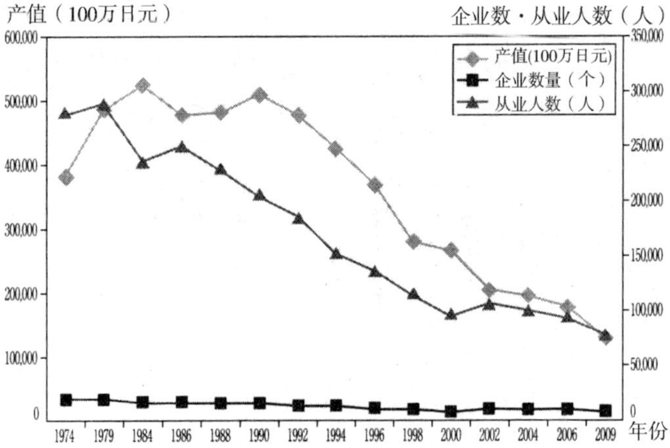

图 1　传统工艺品行业的变化

资料来源：引自传统工艺品行业振兴协会。

的确，我们不能奢望国内需求有较大幅度的回升。但是，由于近年来日本的工艺品在海外再获好评，所以这次危机对海外需求的影响不大。据我分析，这种局面的出现应当归功于有关美术作品的评价所带来的变化。

下面是我个人的一些看法，以前对美术作品的评价有三个标准，创意、主题和品质。如图 2 所示，一般认为古典美术作品如果全面均衡地达到了这三个标准，则为优秀作品。但是，这个标准在 19 世纪中叶开始发生变化，在从欧洲出现了印象派以后，对创意的重视程度开始升温。再如图 3 所示，主题往往因作品而定，其重视程度与创意基本相同，然而对质的要求则轻描淡写。所以，我们在欣赏印象派绘画作品的时候，会发现有不少作品留有涂抹和落笔的痕迹。

那么，对于最受印象派重视的创意，我们又该如何定义呢？可以用“独特”来代替。简而言之，就是干他人没有干过的事情。

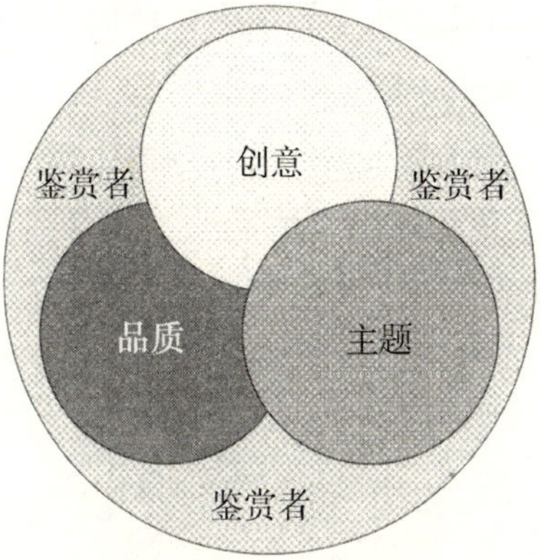

图 2　完美无缺的古典美术作品

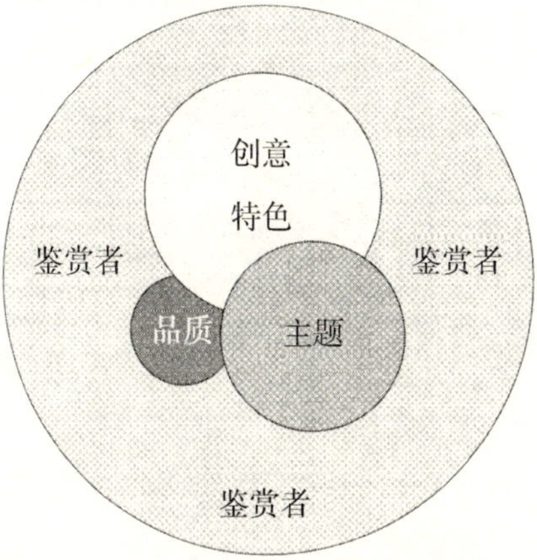

图 3　印象派出现后重视创意的美术作品

所以到了 19 世纪后期，艺术家必须敢为人先，挑战新鲜事物。某件事情有人做了，下一位必须另辟蹊径，再下一位也要争取更新。追求“独特”意味着对创意的重视。于是，艺术家们奋不顾身地追求“独特”，全然不顾观众的感受，不去思考如何让自己作品做到赏心悦目。结果怎么样了呢？无人喝彩的作品泛滥成灾！

在门可罗雀的寂寞中，艺术家们只好在自己的小圈子里互相吹捧：这幅作品如何如何新颖，那幅作品怎么怎么与众不同……

如此说来，片面强调创意的结果让现代艺术的道路越走越窄，变得越发无聊，疏远了大众。

然而，在现代艺术每况愈下的过程中，欧美人却意外发现，早已被现代艺术遗弃在角落里的品质，在某些作品中依然存在，而且非常讲究。这就是日本画和日本的传统工艺（图4）。

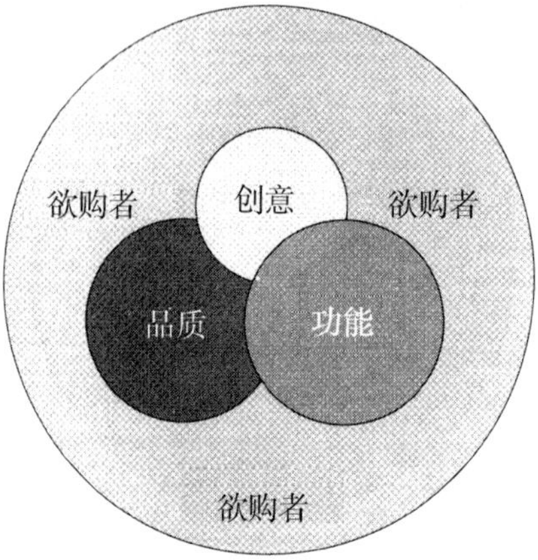

图4　传统工艺的完美造型

从这里可以看出一个意味深远的逆转现象。就在现代艺术片面追求“独特”的时候，一向重视质的日本画和工艺品，以其本身固有的风格在世界造型艺术中独树一帜，全面收获了“创意”的艺术效果。近年来，正是出于这方面的原因，终于让日本的工艺品在世界重新获得了好评。

日本人：源于生活感觉的审美眼光

看来日本的工艺品市场今后还将出现向海外扩张的趋势，像竹编之类的特色产品已经走向世界。身在国内的人有所不知，最近20年间，日本的竹编工艺品在美国备受欢迎，处于严重的供不应求状态，单价高达一两万美元的美术工艺品十分畅销。竹子在日本人眼里司空见惯，可是在没有竹子的美国，竹子就显得那么奇特，那么迷人。笔直的纤维富有弹性，材质既轻巧又结实，再经过工匠的巧手编织，让竹编工艺品透出一种异乎寻常的美感。

类似的竹编工艺品在盛产竹子的中国和东南亚各国也能生产。如果提供原料，再派人指导，欧美人也不是不能干。但是，想要做出实实在在的好产品，谈何容易！

这个道理不仅限于竹编工艺，对日本所有的传统工艺品也都说得通。日本的优势不仅在于工匠的一丝不苟和心灵手巧——当然，这也是日本的优势，但也不能忽视使用者一方的素质和眼光。日本自古就有刻意磨炼一线工匠的良好传统，在饭馆里掌勺的老师傅再怎么努力也有极限。一位厨师如果在讲究吃喝的顾客面前经不住考验，他就炒不出一盘地道的好菜。这个道理对于工匠和厨师都是一样的。

大英帝国在 19 世纪的维多利亚时代，曾经在世界各地收集了大量的珍宝。当时为了显示国家的富有，从名贵产品到稀世珍宝，见到好东西就收。中间还有这么个插曲，为了能够从一堆石头里挑出宝石，他们还特意培养了一批专业鉴定师。这些在英语里叫作 connoisseur 的家伙们不仅能鉴别美术和美食，还能判断个人兴趣和爱好有无品位。在日本就没有这类鉴定师，因为人们在生活感觉中已经具备了一定的审美能力。普通百姓至少也养成了使用好东西要倍加珍惜的生活习惯。至于什么是好东西，大家心里自然有谱儿，这是日本人的强项。这个强项让明治初期生产的工艺品无可挑剔，让欧洲人看到后尖叫不已。

自古以来，日本人在生活中常用的那些品质高尚小巧玲珑的东西，不只是瓷器、金属制品，还有身上穿的、头上戴的。比如，用来印染“江户小纹”① 的纸型，精雕细刻的花纹非常精美，令人咋舌。而且在日常生活中，日本人把用纸型加工而成的高雅和服或者浴衣穿在身上是那么随意，丝毫没有异样的感觉。在他们身上也许看不到那种能够发动一场宗教战争、市民革命的豪情壮志，但是他们却憋足了一股子劲头，在现有的条件下一定让产品的做工更加考究。

生活在这种环境里，日本人对于什么是细腻精巧，什么是品质高尚，或许说不清楚。但是，在他们心里有一条不可逾越的底线，即在生活中自然养成的对品质的追求和约束，这是掌握在日本人手里的一笔无可替代的宝贵财富。我认为，在这里可以寻找到今天的日本工业追求产品质量过硬、细节无懈可击，造型完美无憾的起点。如果说代表传统工艺品特色的细腻和精巧，没有溶化在日本人的日常生活里，那么，就没有今天日本制造业质量第一的文化素质。

这里体现出日本与欧洲在制造业上的区别。不过，欧洲有的国家也与日本大体相似，这类国家恐怕要数德国和意大利了。德国为了把中世纪以后发展起来的传统手工业技术传给后代，将“工艺大师评比制度”提升到法律的高度，积极开展技能传授活动，充分发挥工艺大师们的核心作用，追求产品质量，促进制造业发展。德国的具体做法是通过“大师评比制度”保持产品质量，而日本是从日本人心目中的文化角度对品质进行自我约束，我觉得两者的区别就在这里。在这个意义上，意大利工匠对技艺的磨炼更像日本。在欧洲范围内，意大利是迎来现代产业发展时期较晚的国家，为了与当时的先进国家竞争，意大利必须全力保护手工业的发展。

---

① 江户小纹，源于日本江户时代，一种用纸型印染碎小花纹的印染技法。旧时，用江户小纹制作的和服是身份高贵的象征。

“热文化”“平稳文化”与“积蓄文化”“循环文化”

从制造业发展的指导思想和基本立场来看，日本与欧洲本来就有分歧，所有的分歧皆源于不同的文化。那么，日本文化与欧洲文化到底有什么不同呢？经过以下一番梳理，日本文化的特征将更加清晰。

法国的文化人类学家列维·施特劳斯通过考察，将人类社会分为“热社会”和“冷社会”两种模式，并且因此而名声大振。在“热社会”里，类似阶级的社会差别明显存在，推动社会前进的正是试图超越这种差别的一股力量。欧美社会基本符合“热社会”的模式。所谓“冷社会”指的是相对平稳的社会，民众排解长期积蓄的社会压力时所采取的方式不是革命行动，而是非日常的传统民俗活动，这是“冷社会”的一大特色，日本可以在这里对号入座。

这种“热社会”和“冷社会”的表述可以分别置换为“激烈文化”和“平稳文化”。我想结合自己的看法，对这两种文化阐述如下。

“热社会”=“激烈文化”，这里的“热度”和“激烈程度”是从社会差异中不断释放出来的结果。祸起差异的战争，或者是针对自上而下的压迫所进行的自下而上的反抗，这种行动化为一股力量，催生出社会和文化的能量。进一步说，这种能量不只是停留在自己的社会里，还具有强烈的外溢倾向，其结果是将自己的文化和社会制度推向外部，不断扩张自己的势力范围。18 世纪到 19 世纪的欧洲帝国主义就是例子，法国大革命中市民革命所鼓吹的普遍主义也是这么主张的。

反观“冷社会”=“平稳文化”所体现的社会差异，差异尽管存在，但是也有其暧昧之处。例如江户时期的日本，士农工商的等级身份确实存在，可是在经济层面上如果没有商人的存在，这个社会则不能成立，即属于本意与前提兼容的文化。社会的长期稳定与均衡发展是第一要务，应当倍加珍惜。因此，日本在江户年间没有出现过因革命引起的颠覆性变革，民众的不满也是在民俗活动中发泄，而且几乎是不留痕迹的，堪称和平社会。

如果仅凭这种“激烈文化”和“平稳文化”的分类，解决世界上各种文化的性格归属，不免有以偏概全之嫌。于是，我想让“积蓄文化”和“循环文化”也加入这个分类的行列之中。

“积蓄文化”是以坚不可摧的欧洲石造建筑为代表的、所构建的物体既坚固又普遍的文化。我们今天仍然能够看到许多古迹和古建，正是得益于“积蓄文化”的存在。

“循环文化”指的是循环往复的文化，以伊势神宫①每隔 20 年将御神体（崇拜物）迁移一次的“式年迁宫”② 为代表。伊势神宫的神殿每隔 20 年翻建一次，按理说，人们可以借机改善，或者加固，可是这些做法一概没有，人们只是忠实地再现自古以来的建筑风貌，反复翻建，延续至今。这里的延续并非简单的重叠，而是循环，属于“积蓄文化”的欧美人可能对这种“循环文化”颇感兴趣，但是对其中的价值他们却难以理解。

那么，如果以最初的“热文化”和“平稳文化”为纵轴，以我后加的“积蓄文化”和“循环文化”为横轴，那么，使其交叉后的结果如图 5 所示。

各地的文化分别填在这两条坐标轴上。既是“平稳文化”又是“循环文化”的日本放在图的左下方。既是“积蓄文化”又是

---

① 伊势神宫，位于三重县伊势市。日本影响最大、规格最高的神社。具体建造年代不详，一般推测为文武天皇时代的公元 697 年或 698 年。

② 式年迁宫，日本主要神社按一定年限依照原型对大殿进行重建活动，最具代表性的伊势神宫，每隔 20 年重建一次，至今已延续 1300 年，最近的第 62 次重建于 2013 年 10 月开始进行。

"激烈文化"的欧美放在与日本相反的位置上。还有，中国虽然地处亚洲，因为也有"积蓄文化"的成分，所以放在中央靠近欧洲的位置上比较妥当。

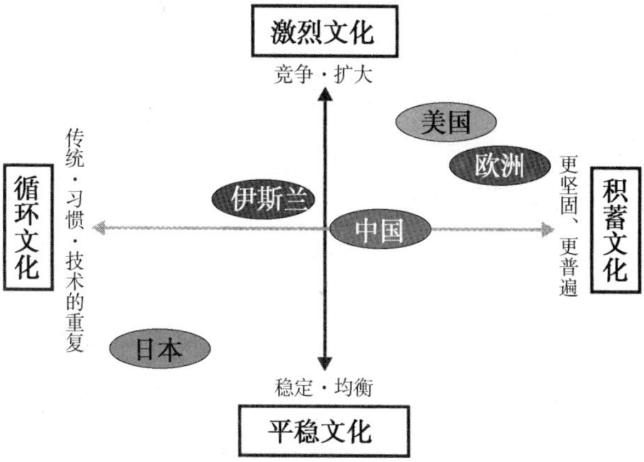

图 5 文化的配置

关于伊斯兰世界，由于给人留下了好战的印象，所以容易被当作"激烈文化"的典型。近年来，伊斯兰国家与欧洲互相倾轧，摩擦不断。从历史上看，这种现象与奥斯曼帝国和莫卧儿帝国之间的对立相似。其实，在对待他国文化上，伊斯兰世界的历代王朝要比欧洲宽容。按照这个思路分析，眼下的伊斯兰社会正处于特殊时期。自古以来，伊斯兰社会的过激行为并不明显，加之对传统习俗的重视，因此，伊斯兰文化比较接近于"循环文化"。

"平稳文化"让地方得以休养生息

关于日本文化在世界上的定位，如图 5 所示。但是，如果日本被任意放大，就会出现另外一副面孔。在日本国内也是如此，一线城市在很大程度上已经在向"积蓄文化"靠拢，虽然不像欧美国家靠得那么近，但是也在一定程度上变成了竞争社会。从昭和三四十年代（1955 年到 1965 年）起，一线城市里用钢筋水泥浇筑的公共住宅增多，渐渐接近“积蓄文化”。同期的经济高速发展时代，工薪阶层的相互竞争已经白热化。因此，如果只看一线城市的话，日本文化的位置已经和欧美非常接近了。

只是有一点值得注意，如果有人认为“积蓄文化”比“循环文化”更顽强、更可靠，那就错了。“积蓄文化”的特征是坚固，其实坚固与脆弱是背靠背的两个方面，突出表现为“积蓄文化”的减灾功能比较薄弱。关于这一点，东日本大地震已经如实地告诉我们。耸立在三陆海岸用钢筋水泥浇筑的巨型防潮堤，当无情的海啸扑过来以后破损严重。本以为这是一道保卫沿岸居民的生命和生活的钢铁防线，结果在巨大的海啸面前形同虚设，只留下一堆堆令人目不忍视的残骸。

在东日本大地震发生以前，建筑业曾一度将“超强工程”鼓吹为神话。1995 年阪神淡路大地震发生时，神户港有两座码头，建设成本高出一般码头一成至两成，按超强标准建设得坚固耐用，这两个码头在地震中果然经受住了严峻的考验，震后仍可继续使用，为保护码头的基本设施做出了贡献。这个结果让人们对“超强工程”深信不疑。可是在这次的东北大地震中，这个“超强工程”的神话也被彻底粉碎了。

向高处紧急避难的办法挽救了许多三陆人的生命。虽然这是一个祖传的土办法，但也是三陆历史上反复遭到海啸袭击后，每次都能重新站起来的一大法宝。逃到高处幸免于难的人们把瓦砾收集起来，从山里砍来大树搭间小屋，再把渔具凑齐，继续重复昨天的生活。这也可以称为“循环文化”吧！

不仅是应对海啸，当地人也用同样的办法来对付地震、台风之类的自然灾害。人们从灾害中重新站立起来，一次次擂响复兴的战鼓，这种百折不挠的精神和随机应变的能力是“循环文化”的精髓。

然而，在过去的几十年间，日本始终将“积蓄文化”贯穿于防灾活动之中，不惜导入这种与自己的传统背道而驰的逆向文化，借以加强城市的防灾能力。但是，当灾害严重到一定程度的时候，“积蓄文化”便开始显露其脆弱的一面。因为“积蓄文化”的出现本来就不是以灾后重建为前提的，一旦受灾，通往复兴的路将更加漫长。面对灾害，需要有弹簧般的执着和永不放弃的勇气，在属于“积蓄文化”的欧洲，人们也开始利用“循环文化”的这种坚忍不拔的弹力，其原因无非是他们已经意识到了“循环文化”的优点。

想到这里，用钢筋水泥浇筑的东京、直接受过震灾打击的大阪，最让我担心。较之“积蓄文化”在一线城市的广泛传播，地方上平稳而保守的“循环文化”依然健在，而且宝刀未老，继续散发着日本文化的余香。如果到地方城市走一遭，你会感觉到那里有多么温馨。不仅是因为那里有怡人的景色，新鲜的空气，或许还有弥漫在那里的、日本人自幼耳濡目染的、沉着安稳的“循环文化”。如果对这种状态进行图解的话，则如图 6 所示。

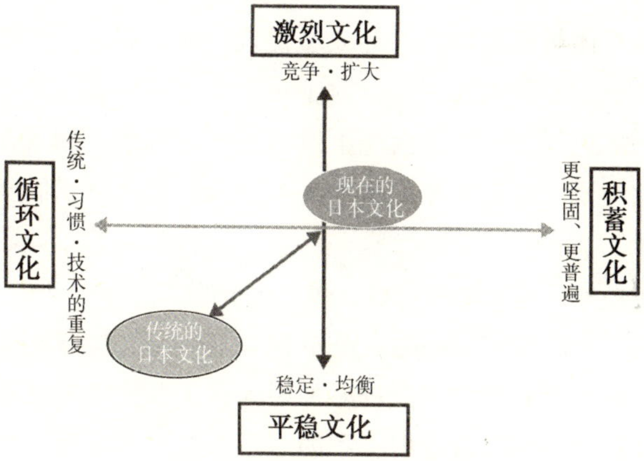

图 6　现实中的日本文化和日本的传统文化

城乡之间的文化隔阂

“循环文化”和“积蓄文化”的混同在一起，可以说是目前日本文化的特征。但是在日本列岛内部，两种性质不同的文化并存，这也许是大家不愿意看到的。因为城市和乡村的文化差异，或者说文化的乖离，已经成为近年来日本社会出现各种摩擦和不愉快现象的主要原因。

假如山里有的村庄受灾，城里人觉得山里有的是木材，村民完全可以通过自救恢复生产生活。其实，在“循环文化”的熏陶中长大的城里人，这么说也不无道理。可是这话却引起受灾村民的不满：现在所有的建筑材料都必须花钱买，在这种非常时期，城里人也不伸手支援。我认为，双方之间的这种不和谐的声音，不正是日本社会出现隔阂的重要原因之一吗？

文化，尤其是日本土生土长的文化，无论在哪儿，无论是谁，本来就像身体里流淌的血一样。可是现在血流停滞了，城乡之间各种意义上的距离被拉大了，为了达到相互理解的目的，需要双方付出一定的努力。从以前毫不费力的相互谅解，到现在困难重重的彼此沟通，甚至摩擦不断，互不往来，这就是我们所面临的现状。

还有一种日趋明显的隔阂，即文化上的代沟。

助长隔阂形成的原因之一是电视节目，尤其是商业电视台面向年轻人的节目，内容之低俗，不堪入目。以前来过日本的意大利朋友对我说，本以为他们国家的电视节目俗不可耐，结果发现日本的电视有过之而无不及。看来，这种连外国人都看不下去的低俗节目应当引起我们的注意了。可悲的是问题不仅出在民营电视台身上，就连官方电视台的 NHK 也不自律。最近 NHK 为了吸引更多的年轻观众，也开始模仿民营电视台制作一些粗俗节目，这就明显地犯了一个战略性的错误。日本的年轻一代还没有愚蠢到把自己整天泡在低俗节目里的地步，这几年出现的年轻人远离电视的现象正好说明了这个问题。

在晚辈与长辈之间出现的文化代沟中，NHK 迷失了自己的方向，而今天出现的文化乖离现象，也是负责文化行政的文化厅所面临的一个重要课题。

如何促进传统与现代的相互融合

定位于“循环文化”的日本传统文化，与靠近欧美型的日本现代文化，如果任其两者分道扬镳，传统文化的衰退将在所难免。因此，当务之急是彻底保护那些如果不闻不问将不复存在的、有形和无形的文化遗产，以及历史古迹、自然景观和人文景观。实际当中，文化厅在传统文化保护上已经投入了大量的人力和财力。

但是仅仅停留在这种程度上还是不够的。为了拉近现代文化与传统文化之间的距离，还应当通过必要的手段促进传统文化与现代文化的融合。在这个问题上，应当采取现代文化一方主动包容传统文化一方的形式。由于传统文化暮气沉沉，萎靡不振，人们总是敬而远之。因此，我们希望年轻有为的现代文化为传统文化输入新鲜血液，让古老的传统文化焕发青春，同时也期待现代文化能够从传统文化这片底蕴丰厚、充满智慧和历经沧桑的世界中汲取营养，不断争取新的进步。

我说过，文化是智慧和力量的集合。其中的智慧和力量，只有在某个区域、某个时代的特定框架内才能行之有效。因此，框架变了，所形成的文化也就失去了意义。所以说，文化在应对基础变化上比较保守，这也决定了文化的前进方向是品位和品质的提升，而不是不停地刷新。

说来归去有一点不能忘记，同为优秀文化，不同文化的结合能够产生新的力量。朝着这个方向努力，使传统文化和现代文化完美融合，这是文化行政部门今后工作的一项重要内容。如图7所示，为分道扬镳的两种文化寻找接触点，促其融合，让日本文化更具活力并且永远保持下去。笔者相信，如果有更多的人能够认识到日本文化的历史风貌，或者对这个问题开展多方面的讨论，那么，社会对文化的关心度将会更高，我们的愿望将在不久的将来得以实现。

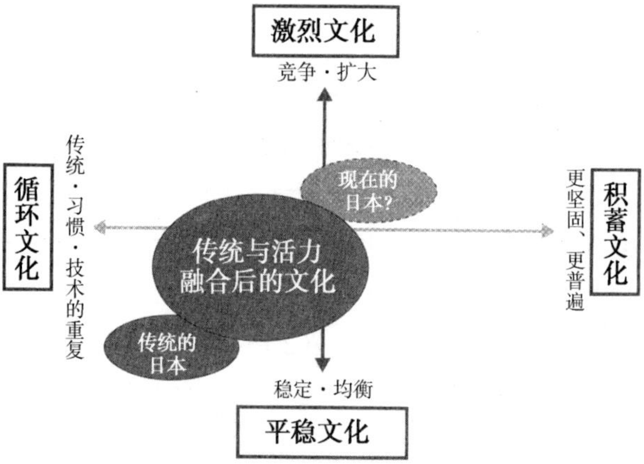

图7　既可持续又有活力的日本文化

第三章　日本的文化政策

日本是如何传承传统文化的

在上一章里，我根据自己的观点阐述了日本文化的特质。本章拟从上述观点出发，进一步探讨在继承和弘扬日本传统文化方面，我们到底需要做些什么。

日本有许多传统文化在全世界上也是非常珍贵的，而漫画、动画、电子游戏等现代文化在海外也受到人们的广泛关注。尽管传统文化和现代文化同时并存，但是，作为文化政策的顶梁柱，我们还是应该把工作的重心放在传统文化的保护、振兴及其利用上。现代文化的旗手们年轻有为，来势汹汹，如果顺其自然，它也能够自我发展起来。但是，如果对传统文化也采取同样的态度，它势必要走向衰落。

况且，在与世界各国的比较中就日本现状而言，传统文化的保护、振兴和利用的局面不容乐观。情况为什么会是这样的呢？本章的论述就从这里开始吧。

假面剧曾经在世界各地广为流行，一般来说最有名气的应该是古希腊悲剧。从中世纪后期开始，假面剧以欧洲为中心发展到鼎盛时期，其后随着时代的变迁而渐渐衰落。如果仔细观察非洲和亚洲的部分地区保留的传统民俗节目，只有日本的能乐才是目前世界上保存完好的假面剧。

如上所述，日本的能乐是当今世界最珍贵的假面剧。日本之所以能够把这种传统文艺形式完整保存下来，原因是这个岛国本身没有受到外来民族的侵略，让本土文化在历朝历代一脉相承，经久不衰。出于同样的原因，诗歌方面的短歌、俳句，舞蹈方面的神乐①、盂兰盆舞②，戏剧方面的歌舞伎、人形净琉璃，以及民族音乐方面的邦乐③等，丰富多彩的传统文化也一直保存到现在。正是这些世界罕见的艺术形式，形成了日本文化的显著特色。

与此同时，独具特色的传统文化也让日本肩负起不可推卸的责任。因为我们手中掌握的传统文化五彩斑斓，弥足珍贵，所以我们有责任将其保存下去，决不能在我们这一代人的手里失传。

近年来，欧洲出现了怀旧主义倾向，人们经常身着中世纪的盛装，举办传统祭典活动。但是，这不过是传统习俗的现代版，目的只是为了让已经销声匿迹的古董复出，与真正盛行于十六七世纪的室外剧不可同日而语。因此，这种临时再现的传统习俗与自古传承从未间断的传统文化是不能相提并论的。从这个角度出发应当说，保护日本自古以来的传统文化，对于维护世界文化的多样性，具有重要的现实意义和深远的历史意义。

文化厅是如何保护历史文物的

在日本，肩负文物保护这一重任的是文化厅，也许有不少人对文化厅的具体工作并不了解。因此，我简单介绍一下日本文化

① 神乐，日本在神道仪式中供奉给神的歌舞。
② 盂兰盆舞，日本每年农历七月十五的盂兰盆节期间表演的民间舞蹈。
③ 邦乐，日本传统音乐的总称。

行政方面的情况。首先，文化厅的预算约有 1000 亿日元，其用途大体分为三项：文物的保护及其利用、艺术文化的振兴、国家文化设施的运作及维修。其中每年费用支出最多的是文物保护和利用，占到全部预算的四成以上。从这里可以清楚看到，传统文化在文化行政中占有相当大的比重。

顺便指出，日本在文物保护和利用上采取的主要方式可以概括为“指定主义”，即把重点文物分别指定为“国宝”“重要文物”，或者“非物质重要文物”，加以保护和利用。有人对此持不同看法，认为在指定文物的过程中，对文物优劣进行评估的等级鉴定并不科学。于是，有人建议将具有一定年代的建筑物一律封为文物，登记造册，予以保护。我把这种做法叫作“登记主义”或者“目录主义”。

欧洲最初采取的是登记主义。但是，在中世纪教堂修缮工程的先后顺序这个不容回避的现实问题上，“登记主义”则显得无能为力，实际上应该改用吸取“指定主义”长处的“登记主义”。

那么，日本在推行指定主义上也是“一刀切”吗？不是的。近年来，对近代文物也应保护的呼声越来越高。我们在对待近代文物上采取的是登记制度，其保护范围比文物指定制度更加宽泛。日本的文物保护和利用也在汲取“登记主义”的元素，例如，持有人提出申请，经审查合格，即可登记为文物。

总而言之，文物保护是文化厅的一项重要工作，所保护的对象不仅是历史建筑、美术作品等物质文物。从戏剧、音乐、工艺技术等非物质文物，到风俗习惯和民间文艺等民俗文物；从古墓、贝冢①、城址、旧居、庭园和动植物等纪念性文物，到山区梯田等人文景观，还有老客栈，保留在外城的古建筑群，以及埋在地下

---

① 贝冢，考古用语。指史前时代，由生活在海边或湖边的人们丢弃的贝壳堆积而成的垃圾遗址。——译者注

的古迹和遗物等“地下文物”[①]，所涉及的门类相当广泛。总之，这些都属于我们国家的文物，都是我们应当保护的对象。

这里所说的非物质文物是以戏剧、工艺技术等无形的技能为对象的，其中的关键技术也同样可以指定为“非物质重要文物”，将这类特殊技术的持有人誉为“人间国宝”[②]。说到“人间国宝”，我想再补充一句，为了鼓励文化遗产的持有人将传统技能传给下一代，国家每年向本人颁发200万日元的特殊津贴。

此外，国家每年还向“文化功劳者”[③] 支付350万日元的终身养老津贴，以同样的名目向日本艺术院会员支付250万日元。国家对传统文化的支持不仅体现在经济方面。

比如在歌舞伎方面，担纲主角的传承人必须是家族的直系后代，可是整场演出不能只靠主角，有了其他演员的配合，展现在大家眼前歌舞伎才尽善尽美。而这些担任配角的歌舞伎演员是松竹[④]或者梨园[⑤]自己培养出来的吗？不是。他们中的绝大多数是国立剧场培训班毕业的研修生，等于是国家出资代为培养的。

类似的情况还有文乐[⑥]，即“人形净琉璃”。说到文乐，值得一提的是负责维护木偶的专业人员。大阪国立文乐剧场安排两名职员负责木偶服饰的缝制和日常维护，另有两人负责勾画脸谱，制作发型。其实，这些负责木偶制作和维护的专业人员都是文化厅管辖的日本艺术文化振兴会的工作人员。

---

① “地下文物”，日本埋藏于地下的文物统称，如旧居、贝冢、古墓、城址、寺院遗址，以及陶器、金属器皿、砖瓦等。目前日本全国已知的“地下文物”共约46万处，每年着手调查和发掘的数量为9000处左右。

② “人间国宝”，日本人对本国非物质文化遗产传承人的通称。

③ “文化功劳者”，日本仅次于“文化勋章”的荣誉称号。其评选活动始于1951年，表彰对象是为提高日本文化水平，发展文化事业做出显著贡献的个人。每年从全国各地选出15名左右。

④ 松竹，指松竹公司，是日本“歌舞伎座”，即歌舞伎演出场所的经营方。

⑤ 梨园，这里指日本的歌舞伎界。

⑥ 文乐、人形净琉璃，均为日本传统的木偶剧。

用作文乐道具的木偶属于消耗品，负责缝制服装的专业人员需要随时维修更换。传统艺术的能乐也是如此，尤其是能乐大师的服装，每一件都是做工考究的丝织作品，演出后常被演员的汗水浸湿，也需要精心保养，博物馆里展出的能乐服饰多数是没有使用过的。为能乐提供演出服装的是京都西阵。[①] 难能可贵的是，在日本和服需求量大幅度缩水的今天，赫赫有名的丝织之乡——西阵，仍在孜孜不倦地制作豪华的传统和服。

因此，在进一步弘扬能乐和文乐等传统舞台艺术的过程中，国家始终刻意保护活跃在幕后的各类传统技能，使其一并得到传承。为此，国家不仅在资金上的给予帮助，还要根据不同门类的具体情况提供专业技术和技能方面的支持。人们可以从中再次体会到，传统文化的保护是一项多么浩瀚的工程。国家直接采取一系列的鼓励措施，守护着日本的传统文化。

文物调查官的职责范围

针对文化厅主要业务之一的文物保护，我再想多说几句。

列为保护对象的文物涉及面越广，意味着需要更多的专业人员参与其中，所以为了保护和培育各种文化，文化厅也有一批名为调查官的专职人员担负这项重任。调查官共有 65 人，约占文化厅 250 个编制的四分之一。如果缺少这一支由各路专家组成的团队，国家对重点文物的保护则难以为继。

目前，在这支 65 人的调查官队伍中有 61 人专门从事文物的保护利用，他们在历史建筑、工艺美术、民间文艺、名胜古迹和人文景观等各个门类的文物中奔忙。主要工作包括准确掌握各类文

① 西阵，指京都市上京和北区一带，高级丝绸纺织品的发源地，日本丝绸厂家多集中于此。

物的现状，调查认定新发现的文物等。其余4人负责现代影像、音乐、美术和戏剧方面的工作。

调查官的工作性质决定了他们要经常到日本各地进行实地考察。据说有的调查官每周有多一半的时间在外地出差，工作强度相当大。一名合格的调查官，必须有高深的专业知识和鉴别能力，所以，他们的具体身份都是大学研究员、博物馆或者美术馆的专业馆员等，专业经验十分丰富。

从事这项工作的最大好处在于，一旦有了重大发现，大学研究人员能够在第一时间出现在现场，直接介入，这个方便条件对于从事调查研究的专业人士来说，具有很强的诱惑力。所以，这也是他们在繁忙的工作中奋不顾身，始终坚守岗位的原因之一。

抢救“越中福冈的菅笠”①

文物调查官对文物的现状了如指掌，在这些专业人员看来，传统文化的现状令人担忧。比如多数传统工艺行业因产品需求严重缩水而导致后继乏人。因人手不足，产量进一步减少，致使生产规模不断萎缩，故而整个行业陷入愈演愈烈的恶性循环之中。

分散在各地的传统工艺和传统产业，有不少曾经是当地经济发展的支柱。例如富山县高冈市福冈町的菅笠编织工艺自古以来颇有名气，人称“越中福冈的菅笠”。这里的斗笠编织业是依托河流上游野生的优质菅茅发展起来的，江户时代的加贺藩曾将菅笠指定为当地特产，鼓励人们扩大生产，结果让这一带成为全国最具代表性的菅笠产地。进入明治时期以后，“越中福冈的菅笠”这

① 菅笠，用菅草编织的斗笠。富山县高冈市福冈町的传统工艺品，至今已有400多年的历史。其制作技术已被指定为国家重要非物质文物。

个品牌仍在，据说在鼎盛的时期，当地仅批发商就有 60 家之多，年产量达到 300 万顶。

现在，菅笠的命运如何呢？批发商 3 家，年产 5 万顶，即便如此，仍占全国九成以上的市场份额。这种情况一方面说明菅笠的需求量在不断下滑，另一方面也表明全国其他产地已经基本衰败。顺便指出，目前在福冈町种植菅草的专业户约有 40 个，编织菅笠的手艺人共有 708 人，可是平均年龄已经高达 80 岁左右。如果照这么下去可想而知，10 年后的情况将有多么糟糕。

其实，产地本身始终没有袖手旁观。危在旦夕的产地想尽一切办法，坚持开展保护菅笠生产的专项活动。具体包括对菅草种植户的老人进行表彰，为当地培养人才，力图扭转制作笠骨的手艺人严重不足的局面。当地政府还鼓励专业户以师带徒，每月向师徒双方分别支付 5 万日元的政府津贴，积极利用品牌效应开发新的产品，比如用菅草编织棒球帽等。为了加大宣传的力度，他们甚至还请人专门设计了菅笠的卡通吉祥物——“菅笠宝宝”。

除此以外，当地还采取过不少的具体措施。总之，他们几乎把能够想到的办法都尝试了一遍。遗憾的是到目前为止，他们仍然未能有效阻止产地的衰落。

在传统工艺的产地之间建立协作关系网

“越中福冈的菅笠”的生产只不过是传统产业走向衰落的一例，全国有许多传统产业和地方产业的生产形势都十分严峻，人们始终没有找到打破僵局的有效办法。

日本在国家层面上也一直在设法保护传统工艺制造业的健康发展，经济产业省采取了“传统工业产品”定向补贴的办法。另如前面所述，文化厅也在积极行动，依托已经建立的“非物质重要文物传承人”——“人间国宝”制度，对他们手中的绝技加以保护。然而只靠这些是远远不够的，迫切需要采取更新的措施。我们应当采取怎样的措施，让病入膏肓的传统产业早日恢复健康呢？

建议之一是建立协作关系网，将众多的产地结为一个整体，各个产地将自己处境、问题焦点及其对策等信息，及时公开，与大家共享。我认为这条建议非常重要。过去，传统产业的产地之间也互有联系，但只是局限在相关行业的产品销售上。这里所说的产地协作网，指的不是这种目光狭隘的有限范围，而是将日本传统产业的从业人员全部组织起来，结为最广泛的协作关系网，共享各种信息资源。

进一步说，这种做法不是简单的网络化，而是为产地搭建一个信息共享的平台，在信息的需求和供给上做到各取所需，实现类似“票据交换所（Clearing House）”的功能。汇总各方信息，让各个产地在产品开发上受到启示或启发，找到解决问题的线索，让更多的产地分享到兄弟产地的技术、智慧和能力。这些信息资源的价值通过产地共享而翻番，而且还有持续升值的巨大潜力。因此，我们有必要建立起这么一种长效机制，将各地的宝贵的技术、智慧和能力更加广泛、更加有效地利用起来。

与区域文化联手，共同抵制全球主义的扩张

在与文化厅沟通密切的国际网络中，有一个是联合国教科文组织正在积极创办的“创新城市网”①，其具体内容是，将在电影、音乐、文学、工艺、设计、新媒体、食文化等七大门类中具有特

---

① 创新城市网，英文名称 Creative Cities Network，是联合国教科文组织受全球智库的领导人、“创新城市”的首倡者查尔斯·兰德里（Charles Landry）1995 年发表的《创新城市》一书的启发，从 2004 年起开展的一项网络活动。

色的各国城市指定为“创新城市”，并且使之形成覆盖全世界的协作网络。正如我在第一章里已经叙述过的，全球化的无序扩张导致文化的多样性不断消失，鉴于这种危机的存在，联合国教科文组织于 2004 年启动了“创新城市”活动。

到目前为止，日本也有城市被指定为“创新城市”，如金泽市（在工艺制作方面）、札幌市（在新媒体方面）、神户市和名古屋市（同为设计方面）等。在承认各国城市文化价值的基础上，在以文化为核心内容的“创新城市”活动中，实现信息资源共享，加强彼此间的合作，这是联合国教科文组织开展“创新城市”活动的宗旨。

面对全球化的巨大旋涡，分散在世界各地的区域文化也许是渺小的，但是，只要大家携起手来，定能形成一股强大的力量。网络化具有这方面的优势，目前日本社会中的传统产业也应当参与其中。

联合国教科文组织还在目前世界尚存的 6000 种语言中指定了一批濒于灭绝的语言，加以保护。从 2009 年公布的实际数字上看，目前世界上有 2500 种语言有行将灭亡的危险。据有关部门披露，包括阿伊努语及冲绳地区的方言在内，日本也有 8 种语言或方言濒于消亡的边缘。

这些语言如果被指定为濒于灭绝的语言，将促使人们幡然醒悟，高度重视，全体国民的保护意识油然而生。在这种国民意识逐渐增强的过程中，信息共享平台的作用尤为重要。传统技能和产业方面也是如此，率先为其建立广泛的协作网络，发挥这个平台信息共享的特殊功能，为传统产业的保护和复苏提供必不可少的支撑，这也是文化厅在今后工作中必须着力推进的、具有导向意义的举措之一。

告别妨碍人才培养的政府补贴

还有一个问题。传统技能和产业的保护和振兴一向依靠财政补贴，这里存在的弊端也已经显露出来。承包制作经济产业省指定的传统工艺品的工匠，如果具有从业 12 年以上的经验、经考试合格，国家可以将其评定为“传统工艺师”。目前，这类工艺师在全国约有 4400 人。

传统工艺师享受的政府津贴，往往以传统工艺品产地为单位确定发放标准。有的地方出现了不愿意有新人加入的现象，因为这项津贴已经沦为既得的权益。虽然这几年和以前相比，立志成为传统产业工匠的年轻人有所增加，但是“传统工艺师”的评定却大门紧闭，将这些跃跃欲试的年轻人拒之门外。

长此以往，依靠政府津贴的产地即便能够继续存活，也培养不出新的人才。可是如果为促进新人的培养着想，把津贴彻底取消，产地衰败的加速将不可避免。这种左右为难进退维谷的局面，至少有一点已经得到证实：政府津贴并不是挽救传统技能和传统产业走向衰落的灵丹妙药。

正因为如此，我想提倡的是在传统商品的产地之间建立起广泛的协作网络，作为不再依赖津贴制度的举措之一。条件成熟的话，让传统产地与现代技术和先进设计相互结合，这样做的效果应该更好。所以，按照这个思路往前走，可以为传统工艺品产地开辟一条新的出路，助其实现跨越式发展。

向“南部铁器”学习

按照这个思路，现实当中已经出现了成功的先例，新开发的传统工艺品发掘出新的需求，引起海外的关注。

这就是南部铁器厂，这家工厂始建于江户时期，传说南部藩主从京都聘来一位造锅师傅，让他制造铁锅，在藩主的庇护下，工厂发展起来了。战后，随着铝制品的普及，社会对铁锅之类的生活用品需求急剧减少，其产品只剩下了用于茶道的传统工艺品了。而近年来，南部铁器厂的产品让人另眼相看，尤其受到以欧洲为主的海外市场的青睐。

据说南部铁器厂的产品所含的铁分中有丰富的二价铁，易于人体吸收，具有防治贫血的功效，用他们生产的铁锅烧水，还可以去除自来水中的氯。有这个非常实用的优点，再加上铁器本身的厚重和精致的做工，构成了南部铁器产品特有的质感，成为外国人眼里魅力十足的一大亮点，更值得关注的是，以前一提起“南部铁器”，人们首先想到的是清一色的漆黑，然而他们最近推出的铁壶，有粉的、橙的、绿的，可谓五彩纷呈，在海外倍受追捧。

粉红色的铁壶，这在以前恐怕连想都不敢想吧，现在已经造出来了，而且在海外市场赚足了人气。南部铁器历经400多年的风风雨雨，终于将自己与众不同的风格融入传统的工艺品世界。另外，岩手县奥州市的一家铸铁老厂与英国的著名工业设计师贾斯珀·莫里森合作研发，已经向国内外市场推出多彩铁壶等系列产品。

日本在传统铸铁产品方面引人注目的著名设计师不只是外国人，负责设计法拉利轿车和秋田新干线列车的奥山清行氏便是一位日本著名的工业设计师。目前，他相中了自己的家乡山形县的铸铁产业，正在与当地铸铁工坊合作，着手开发铁壶等铁器产品。

就这样，经过与当代顶级的工业设计大师联手后重新打造，曾经依靠传统技术制造的铁器，如今焕然一新。尤其是在海外，其人气之旺，几乎到了供不应求的程度。这些典型事例告诉我们只要抓住机遇，日本优秀的传统工艺品是完全有可能走向世界的。

吸引年轻人的“和太鼓”

看来问题的关键在于传统与现代的融合，这样做等于为传统文化开辟一条生路。所以，上述案例不仅是制造业的发展路径，也同样适用于传统的演艺界。

近年来，我们在各地举办的文化活动中常可以看到“和太鼓”这个节目。小伙子们身着节日的盛装，头裹雪白毛巾，挥动鼓槌，个个威风凛凛。

“和太鼓”起源久远，据说是古时人们传送情报的一种手段。在战国时期的战场上，“和太鼓”用作进攻的号令，在神道和佛教的各种仪式及祭典活动中，自古就有鼓乐齐鸣的传统。震耳欲聋的鼓声，整齐划一的节奏，催人振奋。

在“田乐”① “雅乐”和歌舞伎的伴奏中，“和太鼓”一锤定音的效果更是给人留下深刻的印象。总而言之，可称之为日式打击乐的“和太鼓”，在传统演艺中起到的是中流砥柱的作用。

最近，经常以集体表演的形式登台演出的“和太鼓”，是从传统庙会的鼓乐中派生出来的。鼓手们全神贯注，挥汗如雨的表演，说明“和太鼓”也是一项体力消耗很大的运动，而且在一定程度上似乎非年轻人莫属。望着他们激情四射的身影，我感觉对于这些玩惯了摩托车的小伙子们来说，“和太鼓”应该是他们耀武扬威抒发豪情的最佳选择。说来归去，与日本传统演艺一脉相承的“和太鼓”确实吸引了一部分年轻人。如果在今后继续普及的话，“和太鼓”也许能够从日本的传统文化中脱颖而出，成为年轻人喜闻乐见的“青春文化”的典范。

---

① 田乐，日本传统娱乐形式之一，始于公元8世纪的平安时代。原本是农妇插秧时在田头即兴表演的节目。平安时代后期逐渐演变为供贵族享乐的歌舞。

正如在“和太鼓”这个例子中看到的那样，文化的振兴离不开年轻人，能够给传统文化注入活力的也是由年轻人担纲的现代文化。如第二章所述，传统文化的出路在于它与现代文化的融合。为此，文化厅的责任不能只在刻意保护传统文化上，更重要的任务是创造各种条件，让担纲现代文化的年轻人成熟起来。

日本：对艺术家相当苛刻的国家

目前在文化厅里有65名调查官，负责保护传统文化的干部占据多数。如上所述，日本现存的传统文化宝贵而丰富，在世界范围内也实属罕见，无论如何也需要一定的人手为之操劳。但从另一方面来看，尽管人数有限，但是，他们为了把握现代文化现状，扶持各种活动的开展，正在勤勤恳恳地工作着。

负责这方面工作的艺术文化调查官，每天都要倾听许多青年创作人们的心声，其中有不少是他们内心的苦衷，归纳起来就是一句话：“生活困难。”美术大学和艺术大学的毕业生每年约有两万人，听起来阵容庞大。但是，他们中的大部分人毕业后要么去了企业，要么当了美术教师。不过，在他们当中，朝着既定目标努力，一边打工谋生一边坚持创作的也大有人在。所以，我刚才提到的那些“苦衷”，基本上就是从坚持作家或艺术家理想的那些人嘴里说出来的。

吃艺术家这碗饭不容易！古今东西没有例外。具体到日本，比如美术专业，与欧美相比，日本的美术家不得不承认自己是在苦水里泡大的，因为日本的美术市场太小了。

近年来，世界美术市场的成交额约有六七万亿日元①，而日本

① 按照2017年8月中国人民银行公布的汇率，约合人民币4000亿元。

的这个数字充其量不过是2000亿—3500亿日元①，从GDP的角度看，这个数字太小了，而且在日本的美术市场上，古典美术和日本画的作品居多。由此看来，日本人对现代艺术不感兴趣，现代艺术在我国几乎没有市场。

日本人往往对于价位已定的商品出手阔绰。所以，手表、手包之类的名牌产品在日本十分畅销，而对于待价而沽的物品则不肯轻易出手。在欧美则不然，即便是无名作者的作品，只要自己喜欢就不惜重金购买，而且不是个别人，是一批人。正是由于这批人的存在，救活了当地的一大批艺术青年。但是在我们日本，这种人实属例外。

因此，搞现代艺术的人在日本难以发展，含辛茹苦崭露头角，却无法养家糊口。所以有本事的人往往远走高飞。那些在国外功成名就的日本人固然值得我们骄傲，可是，宝贵人才的外流，却让我们无论如何也高兴不起来。

从日本美术发展的历史来看，雕刻始于8世纪的奈良时期和其后的平安时期，绘画是从14世纪的室町时期开始代代流传的，可谓是一笔积蓄已久的巨大财富。然而，眼下这个让现代艺术家难以成长的日本竟然沦落到无“钱”可存的地步。如果再这么下去，日本美术的道路将越走越窄。本来应该形成一个现代艺术引领传统艺术的理想格局，现在却被无情地颠倒过来。

为了避免这种尴尬局面继续出现，文化厅也曾积极行动，启动了以年轻有为的创作人员为对象，旨在进一步提高创作水平的人才培养计划。这项命名为“新人艺术家海外研修制度”的活动，可以为美术、音乐、舞蹈、戏剧等专业的艺术人才提供1—3年海外研修和实践的机会。早在昭和四十年（1965年）就已经实施的这项活动，到目前为止已向海外派遣3200多人。其中包括芭蕾舞

① 约合人民币122亿—210亿元。

艺术家森下洋子（1975 年度）、西洋油彩画家绢谷幸二（1975 年度）、声乐专家佐藤忍（1981 年度）、表演艺术家野田秀树（1992 年度）、小提琴家諏访内晶子（1994 年度）、导演艺术家崔洋一（1996 年度）等一批知名人士。

这里列举的人物，几乎都是在他们即将成为国际一流艺术家的关键时刻，及时派遣出去的。我认为这里的所说的“关键时刻”，指的就是当他们具备优秀才能的时候，国家伸出援助之手，猛击一掌，促其羽毛更加丰满，这就是国家在培养艺术家上应有的根本态度。

在扶持艺术家方面，欧洲与日本的差异

说起艺术家的成长，也有人认为，艺术家靠的是本人的才能、努力和运气，而不是坐等他人的培养。

这种观点的确是不能否定的，但是在这里还需要一个有利于艺术家成长的环境。比如在欧洲有一种非常流行的做法，叫做“Artist in Residence”，即组织和资助艺术家们外出一段时间，集中从事创作活动。实际上，日本的艺术家来到欧洲后，让他们感到意外的也是那些可以免费居住、专心从事创作活动的住宿设施，以及同样可以免费使用的公共工作室。

早在 17 世纪，法国就以艺术专业的学生为对象，制定了附带奖学金的留学制度——“罗马奖”。经审查选出的“罗马奖”优秀生可以获得赴罗马留学的机会，并且在一定时间内寄宿在罗马法兰西学院所在地的美第奇庄园，从事自己的学业。当日本还处于江户时代之时，法国就已经有了奖学金制度，为培养更多的艺术人才做出了贡献。“罗马奖”于 20 世纪 60 年代一度取消，改名后又重新启动。直到现在，这座位于罗马西班牙广场附近的美第奇庄园，仍在安排那些经过筛选的青年艺术家寄宿，从事为期 1—2

年的创作活动。

意大利有一座让音乐家安度晚年的设施。为了救济那些贫困潦倒的音乐家们，因歌剧《拿布果》《茶花女》而名扬四海的意大利作曲家威尔第慷慨解囊，营造了一个“音乐家的温馨家园”，现在，这座音乐家专享的老年公寓仍在安全使用。欧洲对艺术家们百般呵护的社会风气，为艺术家的成长铺平了道路。

反观日本，自古以来梦想成为艺术家的人必须做好吃苦的思想准备，因为一方面想靠艺术家的收入维持生活，没那么容易，另一方面社会对艺术人才的培养缺少应有的保障制度。

如前所述，一旦成为日本艺术院会员，可以终身享受每年250万日元的特殊津贴。尽管如此，艺术院的会员人数固定为120人，对于整个艺术家群体来说，这些人不过是一小撮而已。另外，“文化功劳者”的颁奖对象是在学术、艺术、体育、演艺等方面对日本文化发展做出显著贡献的有功之臣，门类相当广泛，艺术家只是其中的一部分。因此，能够享受到“文化功劳者”这份殊荣的艺术家也极为有限。

实话实说，艺术院会员和“文化功劳者”的称号是对成功者的褒奖，而不是针对艺术家和文化人的社会保障制度，尤其是在艺术家的待遇上，可以说日本这个国家并不温暖。

长期以来，在日本一提起艺术家，人们马上就会想到这是一个“不能养家糊口的职业”。所以在战前，大概没有哪位家长希望自己的孩子将来当个画家、小说家，甚至有这种雄心壮志的孩子也必须做好与父母决裂，放弃家业的思想准备。

东京艺术大学的前身是成立于明治时期的东京美术学校和东京音乐学校，是我国历史最悠久的艺术大学，在过去的岁月里人才辈出，功不可没。可是在学校成功的背后，年轻人为了实现自己艺术家的梦想，与家长软磨硬泡，为赢得更多的创作时间付出了代价。一旦考进东京艺大，等于让父母对自己彻底感到失望。

在这一点上，东京艺大倒是不愧为一所立竿见影的“速成学校”。

决心成为艺术家的人，无论有怎样的遭遇，都难以阻挡其继续成长的脚步。因为这世界上总有一些人喜欢以某种形式来表现自己，或者是将艺术家视为自己唯一出路的人。因此，无论社会发展到什么阶段，总会有一批艺术家应运而生。可惜的是，日本却难以被人们称为艺术家的摇篮。

养育艺术人才的一方水土

在思考如何培养艺术人才的时候，有一点希望引起大家的注意，这就是欧洲在培养艺术人才方面所具备的区域性综合效应。具体地说，欧洲所有的城镇乡村都是财政独立核算单位，都是从事经济活动的主体，同时也是一个文化机构。因此，文化在属于自己的这方水土中易于成熟。

因此，当地的人们对艺术人才的培养非常关心，对艺术家非常尊重，在自己脚下的这片土地上，一旦有艺术人才崭露头角，人们就奔走相告，交口称赞，誉为家乡的英雄。这种蔚然成风的热情鼓励，对于艺术家的成长非常重要。艺术家在左邻右舍的赞誉声中，在乡里乡亲的鼓励之下，将把自己的才能发挥得淋漓尽致。看起来问题的关键在于，人家欧洲有一片不遗余力培养艺术人才的土壤。

生长在这片土地上的艺术新秀发展到一定程度，再跨上一个新的台阶，从地方跻身中央，然后又从中央的成功者中脱颖而出，向着世界上更高的目标继续挺进。

就这样，世界顶级的艺术大师在欧洲大地层出不穷。重点是从地方到中央的第一次飞跃。艺术家本人对自己的作品或者表现在中央能否顺利通过，心里没底。从这个角度分析，进军中央无异于人生的一次豪赌。尽管如此，只要能够迈出这关键的一步，即使在中央无所建树，回到家乡靠自己的一技之长，也能过上衣食无忧的日子。

一旦衣锦还乡，当地的人们立刻将这位艺术家奉为掌上明珠，为其感到自豪。对于艺术家来说，曾经养育过自己的这方水土也是今后生活的可靠保证。因此，没有了后顾之忧年轻人敢于追求艺术。敢于挑战艺术的年轻人越多，成功的概率也就越高。成功的人越多，也就让更多的年轻人看到了希望。于是，一条良性循环、人才辈出的轨道伸向了美好的远方。所以我们必须承认，生活有没有保障，对于艺术人才的成长所产生的影响是巨大的。

再来看看日本，艺术家的存在价值始终没有得到全社会的认同。江户时代也曾出现过一代“浮世绘”画师，后来让世人瞩目。不过，他们当初是以工匠的身份从事创作活动的，而不是潜心追求自我表现的、通常意义上的艺术家。

即便到了明治年间，艺术家仍然是“不务正业”“败家子”和“不肖子孙”的代名词。他们没有社会地位，得不到人们的尊重。因此，日本不像欧洲那样对本地的艺术人才热情鼓励，没有在区域范围内形成一片适合于人才生长的土壤。

虽然欧洲的人才培养模式是不可复制的，但我认为，当地的社会力量对于日本今后的艺术人才培养具有十分重要的意义。因为文化和艺术这株幼苗，仅靠来自“国家”这个大层面上的关心是难以拯救的。无论从什么立场出发，也需要人才所在地的精心呵护。假如我们把日本划分为五大区域，每个区域都把与本地有缘的艺术家和评论家请来，帮助挖掘人才新秀，并且在后续阶段，善待这些人才中的佼佼者，如果是美术人才，就为其举办作品展览，是音乐人才，就为其筹办音乐会……以这种形式为鼓励和支持他们成长。

经过各方面的努力，等这些人才进步到一定水平时，再以区域为单位承担起继续培养的工作。当然，文化厅将一如既往，继续落实“新人艺术家海外研修制度”等培养项目，形成区域积极参与的发现人才、培养人才的工作机制。我认为，建立起一种层层筛选、不断发现和培养人才的体制是非常必要的。

日本人：对自己心仪的艺术情有独钟

说到这里，也许有人认为日本不是欧洲，缺乏人才培养的土壤，上述主张对日本是勉为其难。为了消除人们的误解，我再补充一句。应当说，日本人对艺术并非漠不关心，而是恰恰相反。

介绍一组意味深长的数据。英国的专业报《美术新闻》每年都对世界各地美术作品展的观众数量进行调查，其结果表明，每年名列前茅的几乎都是在日本举办的美术展览。

最出彩的是 2009 年，前四名都是日本的展览。我不妨把这 4 个美术展览的具体数据罗列如下，供大家参考。

第一名，东京国立博物馆举办的《国宝·阿修罗展》，日均观众 15900 人。

第二名，奈良国立博物馆举办的《第 61 次正仓院展》，日均观众 14900 人。

第三名，东京国立博物馆举办的“御即位 20 周年特别展”《皇室名玺——日本美之华》，日均观众 9400 人。

第四名，国立西洋美术馆举办的《罗浮宫美术馆展——17 世纪的欧洲绘画》，日均观众 9200 人。

由此看来，日本人不仅对“阿修罗展”“正仓院展”“皇室展”等与日本历史有关的美术展览颇感兴趣，对海外艺术作品的兴趣也比较浓厚。

这些是当年那些轰动一时的专题展览的统计数据，至于馆内常设展览的统计数据，也就是能够反映出人们平时对艺术关心程度的具体指标，也许与此不同。不过，对热门话题趋之若鹜是日本人的一个特性，这是不能否定的。但是，国民对专题展览的兴趣之浓，在世界上也是数一数二的。遇有街谈巷议的专题展览，便有如此之多的男女老少躬身前往。我觉得这种光景更值得我们每一个日本人自豪。

日本人：用真诚的目光欣赏画作

其实，面对西方的绘画作品，日本人和欧洲人的眼光不尽相同。日本人能够用真诚的目光来欣赏西方油画，欧洲人却做不到。

史诗般的艺术作品往往与社会阶层紧密结合在一起。在欧洲，绘画作品原本是王公贵族的藏品，经过法国大革命等社会变革的洗涤，向普通民众开放，成为他们的爱好。在这个过程中推波助澜的是印象派作品。

就印象派以前的绘画作品而言，观赏者必须具备一定的素养，即对基督教文化、希腊和罗马神话以及历史由来具有较深的造诣，否则是无法欣赏的。因为文艺复兴以后的欧洲美术作品都是以这类内容为基本题材创作的。这种现象从印象派问世的时候起得到彻底的扭转，没有这方面知识的人也能够尽情地欣赏美术作品了。有了这么一个理由，印象派的作品受到了市民们的普遍欢迎。

再者，文艺复兴以后的西方画作千篇一律，铅灰厚重的画风大行其道，尺寸大而且画框壮观，沉甸甸的。如此巨大而沉重的作品非王公贵族之豪宅不能悬挂，即使勉强装饰在庶民百姓之家，也过于突兀。如此说来，印象派以前的绘画作品只有特权阶层的人才有资格享用。

由于西方绘画的这段经历，生活在欧洲的人们来到美术馆，站在作品面前的时候，似乎已经闻到了贵族阶层散发的铜臭。以历史厚重的宗教为主题创作的作品，成为王公贵族奢侈生活的真实写照，而落笔轻盈，格调明快的印象派作品，与自由豪爽的市民性格一拍即合。

没有社会阶层的有色眼镜，怀着一颗坦诚的心，细细品味油画里的世界，这就是我们日本人。没有无端的猜忌，不去武断的臆想，拉斐尔、鲁本斯、印象派……面对这些惊心动魄的画展，有的只是震撼，感动和沉默。其实，日本也是这么从历史中走过来的，许许多多的美术作品归大名①和寺院所有。所以，看到狩野永德②的《唐狮子屏风图》，大概没有人会联想起城里的士农工商。

日本人对绘画作品一视同仁，一律平等，这也是在日本举办的美术展览总能够大获成功的主要原因之一。

虽说日本不像欧洲那样具有培养艺术家的浓郁气氛，但是日本人并非对艺术漠然处之。他们具备鉴赏艺术的基本素养。尽管在已有定论的作品里沽名钓誉，对尚无定论的新人作品嗤之以鼻的倾向存在，但是人们对艺术的兴趣之浓郁却是毋庸置疑的。

在“动漫”吸引下学习日语的外国青年

另外，应当称之为媒体艺术的漫画、动画等，俨然成为当前日本的“专利”，海外评价之高，人气之旺盛，非同凡响。

也许人们认为，文化厅的工作只是保护传统文化，其实，振兴动漫之类的现代文化也是文化厅的重要任务之一。从平成九年（1997）开始，每年举办“文化厅媒体艺术节”，对现代艺术、文艺演出、动画和漫画等四个专业的优秀作品予以表彰，颁发大奖、优秀奖、新人奖等。

---

① 大名，日本古时封建制度下，人们对大地主和大庄园主的称呼。

② 狩野永德（1543—1590年），日本战国时代的画坛巨匠，《唐狮子屏风图》是其代表作之一。

从艺术节的名称里难以看出具体内容，其实这是一次国际性的联谊活动，每年来自海外的应征作品不断增加，2014 年度多达 71 个国家，有 3858 件作品参展。文化厅举办的媒体艺术节不仅有力促进了媒体艺术的发展，而且借助获奖作品的传播渠道，对于推动国际文化交流的广泛开展也发挥了重要作用，相信此项活动的国际色彩今后将更加浓郁。

除此以外，文化厅还举办过世界媒体艺术大赛、动漫创作人才培养活动、海外媒体创作人员招聘活动。面向日本电影界推出了各种鼓励政策，其中包括颁发给优秀文化历史纪录片的“文化厅电影奖”，并为其举办的首映式、资助日本电影参加海外电影节以及微电影作品的创作活动等，为影像制作事业培养新人。

总而言之，在促进现代文化健康发展上，文化厅应当有所作为的事业还有很多。所幸的是日本的现代文化，尤其是所谓大众文化事业，方兴未艾，如火如荼。

在艺术方面，无论是高雅艺术还是大众文化，法国都曾经处于世界领先地位。然而，现在的情况恰恰相反，日本的大众文化吸引了法国的青年一代。对于日本的漫画，他们不仅先睹为快，甚至主动学起日语，不再苦苦等待译本的发行。总之，对日本漫画爱不释手的法国青年越来越多。“KAWAII（可爱）”“OTAKU（御宅）”之类的日语，也直接成为欧洲通用的词汇。

谙熟传统文化的“翻译”

如火如荼的大众文化正是我们非常希望看到的。但令人遗憾的是，传统文化与大众文化却丝毫没有交融的迹象，就像水和油一样，总是处于剥离状态。如果将两者巧妙地混为一体，那么，日本文化将精神抖擞地走向美好的未来。

传统文化和大众文化的融合并非要求“AKB48”[①] 的倩影出现在歌舞伎的舞台上，而是将大众文化中格调欢快、节奏鲜明、赏心悦目的元素，创造性地勾兑到传统文化之中。歌舞伎和能乐之所以无法吸引年轻人，其中的原因之一或许是演员的台词晦涩难懂。比如在这个时候，请一位音乐主持人上台客串一下，将故事里的世界娓娓道出，效果岂不是好些呢？我觉得办法总是有的。

最近，各地的自然野生公园普遍配备了“翻译”，向普通游客通俗易懂地介绍自然界的各种现象，包括动植物在内。受其启发，我认为在传统文化的界面上也需要培养这么一批“翻译”。

不过，我不仅希望这些“翻译”能够把传统文化解释到位，更期待他们能够将解说升华到“艺”的境界，以便让日本的传统舞台艺术吸引更多的观众。

以前，所谓的文化在普通人眼里是高不可攀的大雅之堂，只有极少数既有教养又有经济实力的人物才能登堂入室。就拿歌舞伎来说，没有相应的文化素养和足够的理解能力便难以享受到她的美妙，所以她原本就是一场只对上流社会开放的游戏。所谓传统文化也无非如此。然而，传统文化坚持到今天，其前途已经岌岌可危。于是，我们应当设法把传统文化的大门撬开一道缝儿，让更多的人产生“凑上去，看一眼”的念头。

如前所述，日本文化基本属于“沉默寡言”型的。虽说这种沉默是日本文化的魅力所在，但是一旦深究起来，便又以“仁者见仁，智者见智”的态度加以敷衍。这种态度无异于把大众继续拒之门外，难怪传统文化的路越走越窄。

正是由于日本文化的“沉默寡言”，所以我才认为配备一批谙

---

① AKB48，成立于2005年12月8日的日本青春女子偶像组合，分为Team A、Team K、Team B、Team 4与Team 8等5支队伍，成员总数已经超过450人。该组合以“可以面对面的偶像”为特色，在秋叶原拥有专用表演场地，几乎每天进行演出。

熟日本文化的“翻译”，才是日本文化生存和发展的当务之急。

传统文化从青少年抓起

在振兴传统文化方面，一味寻求传统文化单方面的变化和创新应该说是不够的。同时也要为热衷于现代文化的青少年一代多提供一些接触传统文化的机会。

目前，日本传统文化逐渐衰退，其基本原因之一是日本人在日常生活中与传统文化接触的机会越来越少。简而言之，从日本人的居室来看，传统的“和室”越来越少。但是，这种“和室”只要保留一间，与日本传统文化的接触机会将明显增加。因为“和室”里设有壁龛，用来悬挂字画，摆放陶瓷之类的饰品以及插花作品。有了传统文化的“三大件”——书画、陶艺和花道（插花），人们与传统文化的接触机会也就随之而来。如果我们再为“和室”请来一尊佛龛，就更能让这间“和室”成为古色古香的工艺品。

一间小小的“和室”宛如一条纽带，将人们的日常生活与各种传统文化连接起来。试想，如果把“和室”作为全国中小学校的必备设施，将会产生什么样的效果呢？在“和室”从家庭生活中渐渐淡出的今天，应当让“和室文化”在校园里复活，为学生们提供一个实际接触传统文化的机会。

实际上，这种做法在京都一带早有先例。明治初年，在文部省尚未公布学制之前，京都市民自发创办了 64 所“番组小学”。“番组”指的是居民自治的社区组织。这些学校里都辟出一间铺有“榻榻米”的房子，用来向孩子们传授传统礼仪。虽然“番组小学”在战前已经解散，但在京都市内至今仍有几所公立小学，其前身为“番组小学”。校舍里仍然保留着开展传统文化传承活动的“和室”。

这种做法体现了京都一贯重视传统文化的良好风气，如果全国各地的中小学校都能够积极效仿，让“和室”走进校园，对孩子们的传统文化教育定能收到立竿见影的效果。目前按照教育部门的要求，在九年义务教育期间，校方应当组织学生两次到现场，学习鉴赏优秀的舞台艺术和传统文艺表演的知识，文化厅希望学校进一步增加鉴赏次数。但是，传统文化教育不能仅止步于教学，更为理想的状态是促使“和室走进校园”，组织学生参加传统文化的实践活动，在校园生活中有更多的机会接触到“‘和’的世界”。

无论如何，没有亲身接触的机会，就体会不到传统文化的魅力，更谈不上加深理解。文化厅应当成为连接传统文化与国民的桥梁，问题是我们应该如何架起这一座又一座畅通无阻的桥梁。

让更多的人走进传统文化，借助精力充沛的现代文化固然重要，采取有效措施，让孩子们从小了解传统文化的精华也势在必行，然而，更重要的是文化行政本身要有转变职能的意识和魄力。

迄今为止，我们在对待文物管理上，无论是物质的，还是非物质的，始终将工作重心置于文物的保存和保护上。将那些长期搁置导致价值流失的珍品指定为文物，妥善保存，严加保护，也是文化厅义不容辞的责任。但是，我们今后必须朝着文物的“活用”迈出更加积极的一步。对文物不仅要严加保护，而且要用好用足，使其惠及百姓生活。

展示文化遗产，编织日本故事

那么，在文物的利用上有哪些具体内容值得我们探索呢？其中之一是最近文化厅倡导的“日本遗产”创建活动。这个项目又被称之为“日本版的世界遗产”，其中正在引起人们重视的做法是“组合拳”和“编故事”。

例如，在仙台有一位近代英雄名叫伊达政宗，在他当年组派

“庆长遣欧使”[①] 出发的码头所在地——宫城县石卷市的一家博物馆里，陈列着复原后的圣胡安·包蒂斯塔号大型帆船，即当年使节团出海时乘坐的那条船。附近的仙台是高档和服裙所用的丝绸——“仙台平”的著名产地。这宗产品始于江户时代，延续至今。仙台附近的松岛是“日本三景”[②] 之一，著名俳句大师松尾芭蕉也曾到此一游。而松岛的瑞严寺又是伊达政宗在此为官时修建的一座名刹。

如此说来，如果我们以“伊达政宗时代与仙台”为主题，把这些景点编织在一起，人们只要稍加思索，脑海里便能够浮现出这一连串的具有历史意义和文化价值的古老传说和名胜古迹。让这些各具魅力的文物不再孤单，归纳整理后富有一定的故事性，这便是我们所要打造的“日本遗产”活动。于是，这些分散的文物形成一股股合力，以焕然一新的姿态吸引更多的游客慕名而来。

如果我们能够以这种方式吸引游客，让他们乐此不疲地来到这里开阔眼界，深入了解文物的历史意义和文化价值，那么，民间资本的投入将指日可待。进而在良性循环的基础上，催生一片利用文物的新天地，实现从原始保存和保护向综合利用的转型。即从维持文物保护现状的文化行政，转变为可持续发展的、积极进取的文化行政。

实际上，如果通过这种形式能够将“日本遗产”活动在全国范围内铺开，那么，沉睡在各地的文物将在春风中醒来，让自己的价值在人们的喝彩声中放射出耀眼的光芒。值得庆幸的是在平成二十七年（2015 年）的预算中，“日本遗产”这个活动项目获

---

① 庆长遣欧使，1613 年，仙台藩主伊达政宗任命西班牙宣教师路易斯·索特洛为正使，家臣支仓常长为副使，一行 180 人乘坐圣胡安·包蒂斯塔号大型帆船，横跨太平洋和大西洋出使欧洲，拜见西班牙国王和罗马教皇。

② 日本三景，指宫城县中部的松岛、京都北部的天桥立和广岛县西南部的严岛（宫岛）。

得批准，目前已经有 18 个项目被指定为“日本遗产”。其中不乏“女人的天下——群马县的丝绸故事”“徜徉在 800 年历史中的日本茶”等妙趣横生的文化主题。

发掘文化精髓，盘活地方特色

“日本遗产”这项活动的初衷是给地方社会带来生机。区域复兴是文化行政实现转型的又一根支柱。过去，文化厅开展的资助活动都是委托给予文化艺术相关的社会团体和组织。如果这项工作的重要意义保持不变的话，重新物色资助对象的范围必须扩大到地方。

今天的日本，有的地方阳光灿烂，有的地方阴云密布，而且各地之间的差距还在不断拉大。不言而喻，那些死气沉沉的区域基本上是由经济欠发达造成的。面对这些相对落后的区域，需要我们认真思考，用什么办法能够让当地的人们为自己的家乡感到自豪。我认为这种自豪可以来自当地流传的有形和无形的文化，譬如传统节日、民间文艺、由来已久的神社和寺院、抑或是祖辈相传的生活方式和风俗习惯。

作为文化厅，应当细心调查，把追光灯对准这些阴云密布的区域，尽可能地让居住在城市和其他地方的人们经常关注那里。借助他人的目光，让当地人重新认识到生养自己的这片土地有多么美好，让他们为自己的家乡感到骄傲。这是文化厅今后开展的一项重要工作。

现在，已有不少地方把本地的特色利用得风生水起，恢复了元气。另有一些成功的事例也为缺少阳光的地区做出了榜样。关于这方面的内容，我将在后续的章节里有所叙述。

第四章　外国的文化政策

外国是如何支持本国文化的

前面说过，日本文化厅平成二十六年（2014年）的年度预算中用于“文物保护与利用”的预算最多，占到全部预算的44%（约450亿日元），位居第二的是“国立文化设施”，占32%（约330亿日元），第三位是“艺术文化振兴”，占20%（约210亿日元）。

从这里也不难看出，日本的文化行政把工作重点放在了文物保护上。那么，其他国家的情况如何呢？

例如法国，在承担文化行政职能的文化交流部的年度预算中，用途相当于我国艺术文化振兴的“创新”占31%，“文物保护”占30%，这两项预算的数额基本相等。而日本用于艺术文化振兴方面的预算还不及“文物保护”的一半。由此可见，与日本相比，法国的预算分配比例明显倾向于艺术文化的振兴。在法国，仅罗浮宫美术馆与奥尔赛美术馆就有2.5万件藏品被注册为文物。另外，被指定为“历史建筑”的建筑物在全国多达4万栋。尽管如此，与文物保护相比，法国还是把更多的预算用在了振兴艺术文化上，这一点值得我们关注。

而在美国，联邦政府里根本就没有专司文化行政的职能部门，振兴美国文艺文化的领导核心是美国总统直接管辖的“全美艺术基金”（National Endowment for Arts，NEA）。在崇尚自由的美国，政府不应干涉艺术文化活动的思想观念根深蒂固。因此，对许多文化和艺术活动始终以富裕阶层的赞助为主。

如上所述，文化行政反映出各自国家的综合素质、文化背景和历史发展，所以，各国的文化行政不可能是千篇一律的。为了揭示目前日本文化行政的处境，探索其未来发展的前景，我想在这里借鉴其他国家文化行政的经验。

法国：文化发达的国家

谈到外国的文化政策，还是要从法国说起。据说法国的文化政策是全世界最先进的，也是最全面的。事实上，法国不愧为文化行政的发达国家，已有很多国家参考了法国的做法。

法国文化政策的历史可以追溯到 17 世纪上半叶，法国国家学术机构——法兰西文学院成立于路易十三统治时期的 1635 年，该学院完成了本国语言的统一与纯化，并于 17 世纪末率先发行了词典。语言是文化的根基，而法国是世界上最早推出本国语文政策的国家。由此可见，法国先进的文化政策遥遥领先于世界各国。

再者，在 18 世纪末的法国大革命以后，文化的平民化进一步发展，到了 19 世纪，政府机构里出现了专门负责文化行政的部门，但是考量目前法国文化最重要的依据，应该是第二次世界大战后出现的动向。

战后法国文化政策的由来可分为三个时期：先是 1958 年上台的戴高乐政府的第一任文化部长安德烈・马尔罗时期，然后是 1981 年密特朗社会党执政时的文化部长杰克・朗（Jack Lang）时期，再就是 1995 年希拉克政府成立后一直到现在。

关于马尔罗的文化政策在第一章稍有提及，其政策核心是“文化的民主化”。因此，法国政府在各地建立了多功能文化设施——“文化之家”。然而，值得我们注意的不是他的文化政策，而是在当时的法国。活跃在文化民主化新潮流中的保罗·萨特、西蒙·波伏娃、梅洛·庞蒂等一批杰出的思想家和作家。

这些精英型领军人物让世界上的许多人为之迷倒。一直到20世纪60年代以后，他们的精英言行与法国传统文化的精髓高度融合，让法国的文化形象更加完美。于是，法国文化在人们的憧憬中传遍世界。第二次世界大战以后，法国文化吸引全世界的地方不仅是罗浮宫美术馆的馆藏珍品或者歌剧院的精彩演出，还有萨特等一批巨星般的精英人物，他们为法国文化的魅力增添了更加迷人的色彩。

在这种背景下，法国政府在60年代提出的高度重视文化的一系列政策，强烈刺激了广大文化人士的创作欲望，并且推动了文化评论的展开。

其后的80年代，密特朗政府诞生，杰克·朗就任文化部长，在实现文化民主化的目标方面，他与马尔罗殊途同归。马尔罗希望通过“文化之家”达到自己的目的，而杰克·朗则试图通过大众文化的丰富来实现文化民主化目标。于是，杰克·朗接二连三地推出发展流行艺术和大众文艺的扶持措施，包括建设专门举办摇滚音乐会的音乐厅，为乐队提供排练场地，举办国际漫画节，成立全国漫画中心等。

杰克·朗的最大功绩在于他打破了贵族文化与大众文化之间的等级观念，让文化走上了亲民惠民的道路。而且在这个时期，法国从未削减过扶持文化发展的政府预算，而且每年都为大众文化新增预算，使文化方面的预算翻了一番。

引进地方分权的思路

20 世纪 80 年代的法国文化政策在扶持大众文化的同时，还有一项至关重要的任务，这便是文化领域中的地方分权。

1983 年，法国颁布了地方分权法，将国家权限逐步下放到地方。文化行政也不例外，其具体做法是不断扩充 70 年代后期设置的区域文化局的职能，使其职能以文化振兴与文物保护这两大板块为主，涵盖地方文化行政的方方面面。当年启动的法国文化行政地方分权工作至今仍在进行。

目前，整个法国共有 27 个区域文化局，中央政府的文化行政扶持资金有九成需要下拨到各文化局。地方政府更是进一步把相当于中央预算 2.5 倍的资金投入在各项文化事业上。这项预算折合成日元大约是 5000 亿，已经相当于日本的 5 倍。而 2.5 倍的概念则是 1.25 万亿日元，这笔巨款便是法国地方文化事业的预算总额。倒退到 1993 年，法国地方政府在文化方面的预算总额就已经达到 9553 亿日元，与日本 2009 年大幅度削减后的 3660 亿元相比，可谓是天壤之别。

80 年代的密特朗政府继续夯实文化行政地方分权的基础，并且积极采取行动，推出一批文化奖项，大规模扩充文化设施。总统直管的“罗浮宫项目”堪称大规模改建工程的典型。国立图书馆、新歌剧院等一批建设项目，也是政府在文化领域中的力作。

提起法国大规模兴建的文化设施，人们首先想到的也许是 1977 年落成的“蓬皮杜中心”。其实，最早酝酿规划这座建筑的是马尔罗。其实，这座大型综合艺术中心应该是戴高乐政府文化政策的产物，是蓬皮杜继任总统之后完成的。第二次世界大战后，以美术为代表的现代艺术中心开始向美国转移，岌岌可危的法国为了挽回自己的中心地位，规划建设了“蓬皮杜中心”。从这个意义上可以说，秉承历届政府的优良传统，在文化设施上大兴土木的密特朗政府，继续沿袭了戴高乐时代的文化政策。

密特朗总统继续坚持过去的做法，文化部长杰克·朗提出了重点发展大众文化、追求文化平民化的新政策。这种貌似矛盾的新旧交错的手法，使80年代的法国文化不断向纵深发展，在文化振兴上取得了巨大成果。

时至今日，法国依然基本继承着密特朗时代的文化政策。密特朗与杰克·朗推出新政后已经30年有余，仍有不少国家将法国的文化行政当成自己的楷模。然而在其背后，也有人对法国文化能否继续保持往日的辉煌表示怀疑。

熟悉法国文化曾经有过的辉煌和盛世的那一代人，提起活跃在60年代的思想家、评论家、作家以及电影界的新浪潮运动，如数家珍。但是在他们眼里，如今法国文化的旗手们却显得十分渺小。这种情况不仅出现在艺术和文化领域，在学术及科技领域中也有相同的趋势。不知是否出于这个原因，在日本高考中，对文学系的法文专业感兴趣的考生也比以前有所减少，许多年轻人对法国文化的向往，明显地表现为今不如昔。最近，就连杰克·朗倾力打造的大众文化，反而在日本出现一片生机，比如动漫、流行歌曲等。

20世纪六七十年代的法国，曾经有过这么一批作家、思想家，借用杰克·朗的话来说，当“低级文化”在海外无孔不入的时候，是他们把这种“低级文化”打扮得花枝招展。然而，人们不得不承认，今天的法国已经不再具备让各种文化元素融为一体，向世界广泛传播的能力了。

最近的法国文化处于停滞状态，其原因之一或许是过去那些精明强干的领军人物已经不复存在。社会发展到今天，各个领域呈现多样化趋势，各种意见和想法错综复杂，难以形成统一的大规模运动。当然，这种情况的出现不仅限于法国，但是，法国正在出现的多极化倾向，也许让那些精明强干的领军人物更难现身。

意大利：积极利用文物资源

法国以外的欧洲各国，文化行政又是如何推进的呢？接下来看看意大利的情况。

意大利是联合国教科文组织指定的世界遗产最多的国家。截至 2015 年，意大利有 51 处世界遗产，其次是中国（48 处[①]），第三是西班牙（44 处），法国（41 处）位居第四。毋庸赘言，意大利是古罗马帝国的发祥地，又是欧洲文化的源泉，文物之丰富，非其莫属。正是因为如此，该国对文物的保护意识也是人皆有之，甚至连宪法里都有“保护国内景观、艺术和历史遗产”的明文规定。1974 年，为整理并保存国内庞大的文物数据，意大利专门设置了名为“文物 · 环境部”的行政机构。随着文化政策的重大调整，该机构更名为现在的“文物 · 文化活动和旅游部”。顾名思义，意大利政府在 90 年代中期对文物政策进行了调整，开始推行“利用文物积极创收”的文化政策。

在这个时期，意大利将文物定位为经济资源，结果导致保护和修复文物的成本增加，给财政造成了不小的压力。大量的世界级文物仅日常维护一项就耗资巨大，国家财政为此而叫苦不迭，不得不改弦易辙，利用文物创收。在这种情况下，过去只允许投入文物上的资金，到了现在，开展文化活动的民间团体也可以使用，从而调动起民间参与文化事业的积极性。

意大利的文物作为一种旅游资源，向来承担着吸引外国游客的重任。因此，此次文化政策的调整进展顺利。在意大利政府有

---

① 截至 2017 年 7 月 12 日第 41 届世界遗产大会闭幕，中国共有世界遗产 52 处，超过意大利（51 处），居各国之首。

效利用文物的专业做法中，有很多地方也值得日本学习和借鉴。

例如意大利南部城市马泰拉，有一处叫做“萨西（SASSI）”的洞穴民居群。“SASSI”在意大利语里是岩石的意思。那里的石灰岩地带层分布着很多洞穴民居，形成一道非常奇特的景观。据说自旧石器时代就有人类居住在这里。公元8世纪后，一些修行僧人为了逃避伊斯兰势力的迫害，在这里过起了集体生活。中世纪以后，被奥斯曼帝国赶出家园的阿尔巴尼亚人和塞尔维亚人等也迁徙到这里。由于萨西地区地处偏僻，所以历史上这里便成为受迫害群体的宜居之地。

后来，另有许多贫苦农民陆陆续续在洞穴里定居，过着与猪羊同吃同睡的悲惨生活，卫生条件极为恶劣，据说直到20世纪以后，这里的婴幼儿死亡率仍然居高不下。

意大利作家卡洛莱维曾在《基督停留在埃伯利》一书中描写过这类洞穴生活。但书名中的埃伯利是意大利南部小镇，而萨西所在的马泰拉更为偏远，位于埃伯利以东120公里的地方。所以，那是一个基督的慈悲惠及不到的地方。

由于这部作品的问世，让萨西成为意大利南部贫困地区的象征，甚至被人们斥为“意大利的耻辱”。于是，政府再也不能视而不见，从20世纪50年代起开始在该地区开展救济工作。

意大利政府首先在马泰拉郊区建了一大片住宅区，让生活在洞穴里的1.5万名居民全部搬进新居，报废的萨西地区收归国有。一般来说，国家有可能拆除这些象征贫困的洞穴，然后重新开发。然而意大利政府并没有这么做。当这处世界罕见的洞穴民居群的文物价值逐渐引起人们关注的时候，意大利政府于80年代开始完善相关法律，设立1000亿里拉①的基金，作为保护与修复洞穴遗址的经费来源。国家对申请居住者无偿提供99年的租期，附加条

---

① 在意大利加入欧元区之前的2002年，1000亿里拉约合人民币5亿元。

件是由承租者负责修复，修复费用的一半由基金支付。

政府通过这些举措对洞穴民居进行保护与修复。1993 年，萨西洞穴民居群被指定为世界文化遗产。

申遗成功后，追求奇异景观的国内外游客蜂拥而至。现在，利用当地洞穴民居改造而成的酒店、餐厅也颇有人气。然而，这里并不是普通的旅游景点，而是成功申遗后一跃成为南意大利历史文化的名胜古迹。昔日“意大利的耻辱”，如今意大利的“骄傲”——萨西洞穴民居群的社会形象为之一变。

往日的阴暗角落，如今的阳光灿烂，萨西洞穴民居群的华丽转身得益于调整后的“利用文物，积极创收”的文化政策。

英国：自己动手保护文化的优良传统

法国和意大利从政府的立场出发，实施文化行政的时间都比较早，而英国的动作则相对迟缓。因为英国工业革命以后，崛起的中产阶级开始取代贵族阶层资助文化活动，社会对政府介入文化的做法比较反感。后来，人们终于认识到政府支持文化发展的必要性，文化行政的正式实施是在第二次世界大战以后。

不过，即使有国家的支持，但所需经费并非由政府直接拨付，而是单独成立一个扶持机构，通过这个机构开展对艺术文化的扶持活动。这个机构叫“艺术委员会”，设立于 1946 年，第一任会长便是大名鼎鼎的经济学家琼·凯因斯。此人推崇艺术文化自由，提倡“一臂距离（arm’s length principle）”，即独立交易原则，意思是政治与扶持机构应当保持一定的距离。

艺术委员会最初的资助对象是皇家歌剧院等高雅艺术。其后，随着资助对象的范围日趋宽泛，该机构的规模也逐渐扩大。除了现有的英格兰艺术委员会，在苏格兰（2010 年与苏格兰电影协会合并后，其职能与业务进一步扩充，改名为“创意英格兰”)、威尔士等城市都设有艺术委员会。资助对象除了综合艺术、文化节、舞蹈、教育、文学、话剧、视觉艺术、影像等，最近还扩展到街头艺术、足球、手工艺展示、现场音乐会等大众娱乐项目。

艺术委员会之所以能够扩大资助对象，主要是因为国家彩票收益的增加。英国于 1994 年开始发行国家彩票，艺术委员会的收入有三分之一依靠彩票收益。顺便提一句，从 1994 年至 2006 年的 13 年间，彩票收益拨付给艺术委员会的资金总额高达 21.7 亿英镑(约 4120 亿日元)，资助门类以金额为序，依次为话剧、音乐、视觉艺术和综合艺术。由此可见，公益彩票的发行为英国众多的艺术文化发展做出了显著贡献。

另外，文物保护也是由政府间接资助的，相关机构负责具体的项目实施。如具有历史纪念意义的古迹、遗址、教会、宫殿公园等，按文物类别由不同的机构负责。

其中，负责古迹保护工作的英国文化遗产组织，一方面通过募集志愿者支援修复保护工作，另一方面号召一般国民入会，缴纳会费后成为会员，会员可以免费参观英国文物组织所辖的全国 400 处古迹和遗址。

会费、门票和日常赞助等项收入加在一起，约占英国文化组织所接受的政府资助金的三分之一。一方面，文物的修复保护工作借助志愿者之手；另一方面，以会员缴纳会费的形式动员国民自掏腰包，作为文物保护的经费来源。这套无懈可击的工作机制让我们看到英国人的传统作风——不肯让政府介入文化事业，用自己的双手保护自己的文化。

德国：努力推进文化教育

第二次世界大战结束后，德国对纳粹政权的极端主义文化政策进行反思，在联邦政府的层面上最大限度地缩小文化行政的范围，建立起由地方政府具体实施的文化行政体制。我们从目前德国对学术和文化方面的总支出中也可以看到，来自联邦政府的支出仅占一成，而地方政府却占到七成。

不过近年来，联邦政府在文化政策方面的作用逐渐加强。在其背后，伴随而来的是东西德国的统一，政府从统一国家的角度提高对文化政策的重视程度。另外，在欧盟的形成及全球化发展的影响下，强调本国文化色彩的时机已经成熟，这也是不容忽视的背景之一。

联邦政府在文化行政方面的主要任务包括开展对外文化活动、首都柏林的文化活动、普鲁士文化遗产的保护和德国文化统一活动，对电影、出版、翻译的资助活动等。其中意义深远的是，文化媒体厅在振兴艺术文化、保护文化遗产的同时，大力开展面向青少年的文化教育活动。

政府资助的文化教育活动大致分为三项。一是在全国所有学校开展校园电影周活动，放映电影，举办电影讲座，旨在帮助青少年加深对电影及传媒的认识，增长他们的才能。活动本身由文化媒体厅和电影资助协会共同出资成立的民间企业负责运作。

二是开展互联网教育，开办面向青少年的网站，向他们提供积极健康的“白色清单”，让孩子们掌握处理信息的能力。第三个项目较有特色，取名为“让所有的孩子都掌握一种乐器”。据说这个项目起源于2007年德国西部鲁尔地区一所小学试行的音乐教育，学校为孩子们配发乐器，请专业人员负责指导。

德国推行的这一整套丰富多彩的教育活动，旨在加深文化背景不同的民众之间的相互理解，增强全社会的凝聚力，不失为一种如实反映国内外环境变化的文化政策。

美国：有效利用民间资金

到此为止，我们将欧洲主要国家的文化政策浏览了一遍。但是，无论我们在欧洲各国以及包括日本在内的亚洲各国之间如何比较，在文化行政方面大放异彩的还是美国。

首先需要强调的是，在美国政府内部没有与日本文化厅相似的、专门负责文化行政的部门，从过去到现在，这种状况始终没有改变。在这个追求自由的移民国家——美利坚合众国，人们对政府的直接干预非常反感，坚持认为艺术文化是民众随心所欲的表现形式。

不过，美国以前也出现过政府干预艺术的例外情况。在世界经济萧条的影响下，1933 年开始推行的罗斯福新政，面向失业者的救济政策曾经涉及艺术文化领域。当时政府提出了一个专门针对艺术家的扶持项目，即“联邦一号”，为许多艺术家提供了工作机会。这些艺术家为学校、医院等公共设施创作的壁画、雕刻等作品多达 20 万件，让普通市民能够近距离接触艺术作品，颇受市民好评。但是也有人出来指责政府干预了艺术创作。不久以后，这个项目便销声匿迹了。

这个例子告诉我们，除非是世界经济危机发生后需要解决失业问题的非常时期，否则，美国政府是不会直接参与艺术文化活动的。

值得一提的是，1960 年，肯尼迪就任总统后积极支持艺术文化事业，在国民对文化的诉求普遍高涨的背景下，于 1965 年创办了隶属于总统的独立机构——全美艺术基金。目前，这个旨在资助优秀艺术文化活动、促进艺术教育的文化机构，仍然发挥着振兴美国艺术文化的核心作用。

目前，官方通过全美艺术基金资助艺术文化的形式仍在继续采用，然而，全美艺术基金规定的资助活动在决定其取舍的过程中，仍然体现出美国政府尊重民意的一贯风格。资助对象原则上针对团体或组织，而不是个人，而且对所需资金并非全额资助，申请团体或组织必须从联邦政府以外的渠道筹集到与全美艺术基金计划拨款等额的资金。这种做法可以收到有效利用民间资金的效果。

依靠赞助的文化艺术

上述民间资金多数源于企业、个人以及财团的赞助。应该说，这种赞助行为才是美国艺术文化发展的中流砥柱。

回顾 19 世纪 70 年代的美国，大都会美术馆、波士顿美术馆、芝加哥美术馆相继落成，这些文化设施都是在当地政府的支持和富裕阶层的捐助下建成的。即便是现在的美国，大多数美术馆和博物馆仍然由非营利性质的民间法人运作管理，来自美国艺术基金等官方机构的资助也远不及企业或个人的捐款。

这里，让我们再来关注一下支撑美国艺术文化事业的捐助情况。据说在这个国度里，年收入 10 万美元以上的人，其捐款数额是他们年收入的一到两成。如果某人的年收入是 1500 万日元，那么，这个人捐出去的钱大概是 200 万—300 万日元。比较日美两国的捐款数额，其差距不仅显而易见，而且美国竟是日本的 30—50 倍。

捐赠作为一种市民文化，在有的社会里已经深入人心，而在有的社会里并非如此，社会与社会的差别莫过于此。但是，美国民众争先恐后的捐助行为不仅仅出于他们以此为荣的国民意识，国家鼓励捐款的不同税制，其作用之大，也是绝对不可低估的。日本和美国一样，都有捐款后从所得中扣除一定额度的免税机制，但美国的免税额度要比日本高出很多。此外，美国还承认股票、土地、建筑等评估性资产为捐赠行为，这也是一个不应忽视的重要因素。

美国与日本相比，还有一个更为明显的差别，这就是通过捐赠享受到纳税优惠的团体或组织的数量。日本大约是两万，而美国是 100 万，两者的差距高达 50 倍。并非所有的捐赠行为都能享受到免税政策，必须是捐赠优惠对象的团体。在日本，这类团体大多是“特定公益增进法人”，其中又有九成属于“社会福利法人”。

另外，美国大多数的大学、博物馆及美术馆都是符合《财政收入法》规定的公共慈善机构，对上述机构的捐赠行为，均可享受到免税的优惠政策。

说得更为详细一些，身为“公共机构”的大学等教育机构，可以自动评为公共慈善机构，而博物馆和美术馆需要在经过一定审核之后，方可被评为公共慈善类机构，从而拥有“接受公共资助的机构”的资格。评定审核（Public Support Test）过程的重点在于判断该机构是否正在广泛接受社会的资助。举例来说，判定标准之一是社会一般性资助以及官方补贴是否占到该机构收入的三分之一以上，并且还规定，该项审查所讨论的捐款数额，不应包括占捐款总额 2%以上的大额赞助。

为什么要特意设置这样的门槛呢？这是因为在评定公共慈善机构时，有关部门所看重的条件是捐款份额虽小，但捐助者尽可能多，而不是仅依赖于少数人的大额捐款。美国的博物馆及美术馆之所以出现过度依赖观众捐款的倾向，其原因之一也在于此。至于对捐款者个人或团体提供的各种优惠措施，如门票减免、无偿服务、邀请出席特别活动、在小卖部购物打折等，其内幕无非也是因为馆方迫切需要有更多的个人前来捐助。正是由于这个背景的存在，美国博物馆和美术馆才有了个人捐款奇多的特征。

在美国这个国度里，人们用自己的双手去培育公益事业的观念根深蒂固。对捐赠行为实行的优惠税收措施，在这种国民意识的基础上持续发酵，结果形成了一种对那些为文化事业慷慨解囊的个人，尤其是高收入的社会成功人士给予奖励的长效机制。

那么，日本是否也可以向美国学习，把美国那套做法照搬过来呢？答案是否定的。从世界范围来看，美国的捐赠文化极为特殊，其他国家的效法不可能成功。就文化政策而言，实际上，美国以外的其他国家几乎都是政府发挥主导作用。日本人也总是希望以美国为榜样，但是，以捐赠为基础的文化政策，推行起来难度很大。由于国家与社会所走过的道路截然不同，即便简单照搬美国业已成型的制度，这个制度本身也难以在美国以外的国家发挥作用。

但是问题来了，难道我们就应该就此而心甘情愿地承认日本人、日本企业缺乏奉献精神吗？答案不言而喻。今后在日本文化的保护与培育方面，来自企业和个人的捐助也是一条重要渠道。

为了在日本培养捐赠意识，我们是否可以在修改优惠税制的同时，加大对全社会的宣传力度，让人们充分认识到企业及个人投资文化的意义和价值呢？这两项举措都很重要，但后者的社会宣传属于文化厅的本职工作。为了让人们认识到捐赠的意义和价值，我们必须在一定程度上做到公开透明，让人们看到自己的捐款一旦派上用场，将使我们的文化生活变得更加充实，更加生动。这一点非常关键。

比如说，我们经常看到博物馆或美术馆的门口有个牌子，上面注明了该设施的赞助单位。从今以后，我们也许还可以为馆内的展品添加类似的说明。在意大利的美术馆里，在作品的下方注明了该作品修复的资助者等来龙去脉。这种公开透明的做法也应当得到我们的重视，以便让捐赠活动开展得更加广泛。

艺术是公共财产

欧洲从很早的时候起，国家就开始依托中世纪的皇家贵族积累和收藏的艺术珍品，修建了中央博物馆和中央美术馆等设施。反观日本，在明治维新以前还没有博物馆和美术馆的概念。所以，美术品作为公共文化财产向普通市民开放，日本比欧洲晚了数百年。

明治维新以前，日本收藏美术作品的场所主要是寺院。中世纪的欧洲也是如此，教会收藏了大量的美术作品。看来历史上不分东方还是西方，宗教场所都具有收藏美术作品的功能。然而具体到日本，寺院里的美术作品并非完全处于秘藏状态，在举办庆典活动或者逢年过节的时候也向民众公开展示，而人们也只有在这个时候才可以一睹真容。从江户时代开始，关西地区的寺院还把自家珍藏的艺术品送到江户展出，这种做法称之为“出开账”。近年来，在东京举办的“阿修罗展”和“正仓院展”等受人欢迎的展览，便是沿袭了江户时代“出开账”的旧礼。

无论是本寺内的即兴展出，还是外出送展，都是以“雅俗共赏”的世界观作为基础的日本循环文化的产物，然而通过博物馆与美术馆等公共设施，让人们共享文物的历史在日本并不长。从这个角度上来说，捐赠善举尚未在日本社会生根开花，也有其顺理成章的一面。不过从现在开始，捐赠文化深入人心，才是值得我们期待的一大亮点。

第五章　实现“文化立国”的必由之路

顺其自然，植根于生活

在上文中反复说到过，给“文化”定义是一件非常困难的事情。有识之士和专家学者们众说纷纭，莫衷一是。如果让我阐述自己的看法，是不是可以将“文化”定义为：“在每个人的生活中，各种事物互相交织，既不属于政治活动、也不属于经济活动的部分。”

举个简单的例子，我们每天早晨起床后向家人道一声“早安”，这类生活习惯也属于文化范畴。人们为什么会养成这么一种生活习惯呢？首先，“早安”意味着一日之计在于晨，人从被窝里钻出来开始一天的活动，通过互问“早安”这个节点的设置，让自己的生活有规律，有节奏，进而有利于身心健康。其次，互致“早安”还可以验证家庭气氛的和睦和爱心，加深家庭内部的相互信赖。假如一个家庭没有互致“早安”的习惯，那么，这个家庭一定是缺乏温暖的气氛。

每天早晨的一声问候竟然引出这么多的含义和理由，各种含义、联想或者历史背景交织在一起世代传承，已经自然而然地在我们生活当中扎下了根，所以我们将其称之为“文化”，似乎也未尝不可。

当然，也有人对我的这种看法持有异议。在他们眼里，只有那些感动观众的美术作品，感动听众的音乐作品才是文化，才值得人们用心呵护。而且同样是音乐，还有人只承认古典音乐，市井歌谣也不能算作文化。看来，有些人只喜欢小范围的文化艺术，我认为这种看法的存在也无可非议。

但就我个人的看法而言，我觉得应当从宽把握文化的范畴，不要将其限制在所谓的高端文化（high culture）上。日常生活中的嘘寒问暖也是文化，更何况这种习惯本来就源于对他人的照顾、体贴和尊敬。正是这类友好的举动，为文化奠定了良好的基础。关键是我们有没有意识到，诸如此类的彼此问候和互相关怀在人的一生中有多么重要。我认为这种意识越强烈，人们对日本文化的认识也就越全面，越充分，这才是我们实现“文化立国”这个目标最根本的基础。

令人沉湎的温馨型日本文化

在过去的岁月里，我们通过自己拥有的文化，营造了温暖舒适和谐美满的日常生活。而这种生活并不是我们刻意追求的，而是它自己顺其而然地来到了我们身边。可是近年来，形形色色的外国文化迅速涌进了我们的生活。

于是人们开始担心，日本人在漫长的历史长河中构筑起来的温馨型文化，会不会因为海外文化的涌入而有变味的危险。一旦接纳了它们，日本文化将失去以往的温馨，人们再也不会像现在这样过着如鱼得水的生活了。看来，这种局面的出现并非完全没有可能。日本人自古以来就有把大陆传来的文化巧妙地调理一番，使之本土化的传统。人们仿佛把外来文化当作一剂小药，放进了自家的小药箱里。然而，文化的调理需要一个相当漫长的过程才能完成，在外来文化说来就来的当今社会，人们根本无暇使其成熟到本土化的程度。生长在外国的事物直接闯了进来，与本土文化发生碰撞也是在所难免的。

问题是日本固有的温馨型文化很容易受到外来文化的侵蚀。在全球化不断发展的今天，这种可能性正在逐步变成活生生的现实。所以，为了能够在外来文化面前争取主动，先行取舍，我们是不是应该从稀里糊涂地沉湎于温馨型日本文化的梦境中醒来，重新意识到它的存在价值呢？我认为这是实现文化立国的立足点。

请允许我说一件与这种温馨有关的个人往事。我第一次亲身感受到日本文化的温馨，还是在高三那年准备参加高考的时候，至今已经过去了半个世纪。当年我在读的那所高中，到了三年级的一月中旬，课程就全部结束了，学生们各回各家，自行复习，准备高考。

我住的那间房是带廊檐的，到了冬天，阳光斜射到屋里，暖洋洋的。冬天里晒太阳特别舒服，这一天，我趴在书桌上不知不觉地睡着了。一觉醒来，祖母正好给我送来了茶点，时机掌握得那么绝妙，就连我一向认为是多此一举的这种事，祖母也做得恰到好处，自然得体。

啊，太幸福了！在这瞬间，我感动极了。或许是因为高考的压力，这份幸福让我更加感动。我是祖母一手带大的，在祖母的疼爱中成长，时不时地与母亲闹点矛盾，但和祖母特别亲。如果给我送来茶点的是母亲，我是不会这么感动的。因为是祖母，所以我享受到的这份温馨，是日本所谓“三代同堂”的传统家庭模式带来的。这就是说，我 18 岁时从祖母那里感受的温暖，与温馨型文化一样，都产生于同一种日本文化。

日本文化的处境

如果说祖母给我带来这份温馨属于文化，那么，遗憾的是近年来在文化层面上，日本已经难以用“充实”来形容了。

自古以来，日本人酷爱自然，自然规律和四季轮回的惠顾，让人们享受着丰富多彩的生活。所以，不是人类一意孤行地去改变自然，而是让自然走过来影响我们，从而成就了日本人的生活模式。人与自然的友好往来构成了日本的“基层文化”，另有各种外来文化与之重叠，最终形成了与今日一脉相承的立体文化。

因此，奠定日本文化基础的是美丽富饶的自然，即便是在战后的昭和四十年代前后（1965 年到 1975 年），日本人的衣食住行从未远离过自然。但是，也正是从那个时候起，随着城市的迅速膨胀，人们与自然渐行渐远。还是从那个时候起，另外一种性质不同而且毫无继承意义可言的文化，开始从城里人中间滋生蔓延，开始背离从前与自然亲密相处的日本文化。

事实上，一旦在城市中生活，再也难以切身感受到自然的存在。或许有人认为城市里也有令人耳目一新的文化。然而，现代社会中的城里人忙忙碌碌，缺乏与他人共享的时间和空间，也就无暇顾及城市文化的死活。因此，他们的最大问题不是文化生活的充实与否，而是文化的严重缺失。这些消极因素的存在让我们不禁忧心忡忡：如今的日本，文化上出现的空白地带是不是正在我们不知不觉之中继续扩大呢？

进而言之，一座与自然渐行渐远的城市，将来会形成一种怎样的文化，其后果简直不堪设想。

如果是从前，每个时代都有每个时代的偶像，不是电影明星，就是文人墨客，抑或是皇亲国戚和王公贵族。他们将新文化汲取到自己的日常生活中，惹得平民百姓心驰神往，频频效仿。于是，一种新的生活方式不胫而走，迅速普及，在人们的生活里固定下来。可是如今却没有了这类偶像，都市文化的棱角变得模糊不清，人们在城市生活中无所适从，迷失了方向。

社会上“重视文化”的呼声此起彼伏，然而，这种文化朝什么方向发展，如何推动它的发展，人们却浑然不知。其结果无外乎向传统文化靠拢，朝气蓬勃的新文化难以产生。当人们越是把“重视文化”挂在嘴边的时候，也正是文化处于萎靡不振的时期。

走向衰亡的山乡文化

还有一个不容忽视的事实，这就是构成“基层文化”的农村及山乡生活也发生了翻天覆地的变化。

农业专家末原达郎氏曾经深入到离福井县不远的岐阜县的山村和石彻白地区（郡上市白鸟町）进行详细调查，写出了一份引人入胜的调查报告。石彻白地处暴雪地区，冬天积雪超过 3 米。生活在该地区的有 110 户人家，1200 人，在最近的半个世纪里，这里的人口减少了四分之一。

末原氏调查了石彻白地区尚存的地名，确认结果多达 227 个，比这里的住户还多，而且还指出，这些地名也正在慢慢消失。地名的消失意味着当地人的居住范围比以前缩小了。过去，人们可以在村落附近的大山里造林、伐木，形成了村民的生活区域。可是据说近年来，山里可干的活儿不多了，生活难以维持，村民们常说的山里的那些地名，恐怕今后再也听不到了。

导致这种现象的原因不能简单地归咎于林业的衰退。战后，农家的屋顶从茅草改为瓦楞铁，堆肥改用化肥，石油取代木炭。在这个过程中，靠山吃山的山村生活一去不复返了，而且山里的那点油水也就不那么重要了。目前，石彻白地区的经济以经营旅游业为主，有滑雪场和帐篷宿营地，还有十几处家庭旅馆和客栈等住宿设施。

村里的生活今非昔比，村民们不再进山，疏于管理的大山几乎荒无人烟，这是全国山村存在的普遍现象。这些年，由于野熊的出没，导致村民受伤，农田被毁的事件，在各地时有发生。据有人分析，其中的原因就在于山村原本就是人与野生动物共同生存的缓冲地带，荒废后致使两者的居住范围变得含混不清了。

无人管理的山村变得“无法无天”，存在许多不正常的现象也是能够想象到的。不过，对于日本文化来说，还有一个更为严峻的重要情况，这就是祖祖辈辈靠山吃山的日本人养育出来的山乡文化正在消失。对于日本人来说，这意味着作为温馨型日本文化根基的基层文化开始动摇。

应当指出的是，破坏基层文化的不只通过全球化渠道传入日本的海外文化，工业社会的发展、现代城市的扩张以及山村的衰落等国内发生的一系列变化，也从不同的侧面动摇了基层文化的根基。

缺少了一份对暧昧的宽容

生活方式的改变给文化带来的影响是不言而喻的。过去，普通家庭所承载的日本传统文化是茶道和花道，人们经过一番培训，养成文明礼貌的良好习惯，并且学会如何鉴赏茶具、瓷器、书画等工艺美术作品，加深自己的艺术造诣，把自己感受四季轮回和自然变化的神经锻炼得更加灵敏。茶道和插花作为日本传统文化的入门篇，充分发挥了应有的功能。

可是，最近参加这类培训活动的人明显减少，日常生活中接触传统文化的机会已经少得可怜。与此同时，一些年轻人总是喜欢泡在“宅文化”里，就事论事地说，“宅文化”也不失为具有特色的文化形式，然而遗憾的是，这样做充其量是躲在阴暗角落里满足个人的一时需要。一边摆弄动漫作品里的宠物、卡牌，一边偷着乐，而我们却无法从他们的表现中找到“宅文化”的多样性、积极性以及发展为多彩文化的可能性。

如上所述，文化是在一定的框架内孕育而生的，动漫里的灵兽、铁道模型都可以成其为一定的框架。有了这个框架，文化才能成熟。当一个人与文化亲密相处的时候，最初很容易坠入某种框架之中，把这里当作突破口，去深入发现那一片新奇而多彩的世界，这个人从此又多了一份爱好，这本来是件好事。

然而，就“宅文化”的具体情况而言，我们似乎不能期待它有多么广阔的前景。说起“宅文化”的前景为什么不容乐观，我感觉是不是因为“宅文化”本身就是数字化社会的一个缩影。生长在一个拒绝暧昧的数字化社会里，收集动漫宠物也需要一个明确的范围，然后一丝不苟、一个不落地默默地收集下去，这类年轻人今后也许有增无减。他或者她，对于那些模拟式的暧昧、模棱两可的选择，杂乱无章的排序等，从感性上是不是无法接受？

但是，人们所感受到的富有和幸福并非清晰透明，反而总是处于模糊朦胧的状态。年轻的“宅男”“宅女”们似乎唯恐让自己置身于这个暧昧的世界里，他们宁愿躲在自己眼前的这个小圈子里，寻找属于自己的那份满足。这是对自我世界的爱，亦可称之为“自恋”。

正是因为如此，才需要我们为这些年轻人创造更多的社会机遇，引导他们敢于面对暧昧和朦胧。有可能的话，让这些年轻人迷恋于朦胧世界，培养自己主动接近朦胧世界的动机和价值观，寻找与自然近距离接触的日本基层文化和传统文化的结合点，并使之融合在一起。通过我们的这番努力，独立行走的现代文化一定能够逐渐形成。

追求“文化立国”的理由

反过来说，现在的日本尚未发展到文化充实的阶段。

从前的日本并非如此。耶稣会的宣教师来到日本传教是在16世纪中叶。当时，来自异国他乡的这批人大吃一惊，想不到世界上竟有如此干净卫生，如此知书达礼的国家。当时日本虽然贫穷，但是文化水准绝对不低。正是由于江户时代文化发达，所以在明治以后才有了勇超欧洲的目标。据说在江户时代，由于“寺子屋”[①] 在日本的兴起，国人的识字率已经高达80%，这个比率在全世界也算是相当高的。日本顺利跻身现代国家行列，其原因就在于这个国家早已积攒了相当殷实的文化家底。

那么，如今的日本情况如何呢？支撑战后日本经济的制造业，其生产据点早已转移到东南亚，今后还有可能移师非洲。在这个过程中，需要有足够的文化实力孕育出下一代的经济支柱来取代制造业，而这种足够的文化实力，现在的日本具备了吗？答案是“NO”。尽管传统文化的优势尚有潜力可挖，但是就像我在前面讲过的那样，传统文化弱不禁风的体质是不能否定的，需要借助现代文化的能量让传统文化焕发青春。没有新旧文化的交融，就不会激发传统文化真实的活力。

这就是我反复强调“文化立国”的理由之一。

日本今后必须走“文化立国”之路的另一个理由是，缩小大城市与地方之间正在扩大的差别，必须充分发挥文化的重要作用。

2004年夏季到秋季举办的札幌国际艺术节，备受人们瞩目。因为在这场以“城市与自然”为主题的艺术文化展示活动中，坂本龙一先生出任名誉艺术总监。我也去了，现代美术展览会还出现了新派艺术家的行为艺术，而且很有魅力。心悦诚服的我对当地负责人称赞了一番，可是对方却是一脸困惑：“其实不然，北海道除了札幌，到处都有失业者，而且人口一再减少，想搞个活动都筹不到经费。”

说到北海道，札幌与其他市町村之间的贫富差距格外突出，

① 寺子屋，江户时期为市民开办的初级教育机构。由武士、僧侣、医生、神职人员等担任教师，主要课程有习字、朗读、珠算等。

可是这种局面在全国各地大同小异，甚至连县政府[①]所在地的商业街，被迫停业的情况也不稀奇。令人感到意外的是天色未晚，街上就已经见不到几个行人。

现代艺术让城市获得新生

但是，在经济萧条中也不乏扬眉吐气的地方城市，金泽便是其中的一个。这座历史上曾经富得流油的城镇，向来具有重视传统文化的良好风气。直到现在，“九谷烧”[②]“加贺友禅”[③]“加贺镶嵌”、贴箔工艺、漆器等传统工艺仍然兴旺。最引人注目的是，当地一方面将传统文化保护得完好如初，而另一方面又在雄心勃勃地追求现代艺术。2004 年落成的“金泽 21 世纪美术馆”便是一座以收集展览现代艺术作品主的美术馆，其建筑风格也符合建馆宗旨。由新锐建筑师妹岛和世先生和西泽立卫先生主持设计的这座圆形建筑，以新颖的艺术造型令人刮目相看。

美术馆落成后观众络绎不绝，周围商店的销售额直线上升，产生了良好的经济效益。当初美术馆剪彩时，金泽市对文化行政的投入超过市财政预算的 5%，这个数字已经相当庞大。由此可见，金泽市政府为兴建这座专门收集现代艺术作品的美术馆付出了巨大努力。

金泽市在文化行政上的开拓进取，离不开老市长的贡献。山出保先生从 1990 年起连任五届市长，长达 20 年之久。在金泽 21 世纪美术馆竣工前夕的 1996 年，该市还建成了“金泽市民间艺术村”。这是一处旨在方便市民举办和参加各种文化艺术活动的综合

---

① 县，日本的“县”相当于中国的省。

② 九谷烧，石川县南部城镇生产的彩绘瓷器。

③ 加贺友禅，金泽当地特产的日本和服，以颜色素雅、花纹精致为特征，图案如日本画，以花鸟等自然情景为主。

设施，里面辟有戏剧舞蹈排练厅、露天剧场、录音棚、艺术作品的创作室和展厅、手工艺工坊等大大小小的各种空间。此外，艺术村里还创办了专门传授工艺技术的“金泽职人大学校”。

总之，这是一处培养和传播文化艺术的平台。值得一提的是这座公共设施终年与星期无关，每天 24 小时开放。据说这是山出保市长当初立下的规矩，保证那些“上班族”随到随用。

金泽市民间艺术村坐落在市中心一家纺织厂的旧址上。金泽的纺织业曾经是日本经济发展的排头兵，目前，这座工厂已经摇身一变，成为传播文化艺术的据点，向人们诉说时代的变迁。

在山出保市长领导下，金泽市果断调转船头，驶入文化创意的航线。2009 年被联合国教科文组织指定为富有民间工艺特色的“创新城市”。除了金泽市，横滨市和札幌市等也已经行动起来，打造以文化为主的创新城市。然而，在“去工业化”时代获得新生的这类城市，最早出现在欧洲，因为欧洲的制造业先于日本，是最早沦为空壳的地区。

例如法国西部最大的城市南特，那里是进入大西洋的门户，自古以来商贸繁荣。18 世纪的南特发展为工业城市，是法国造船业的中心，素有“造船之都”之称。然而在第二次世界大战结束后，由于日本等国的造船业异军突起，南特走向衰落。到了 20 世纪 80 年代，船厂关闭，锈迹斑斑，城里死气沉沉。

然而，让这座工业城市起死回生再创辉煌的是 2012 年至 2014 年奥朗多执政期间担任首相的让 · 马克 · 埃罗。这个人从 1989 年起在南特当过 20 多年的市长，在任期间高举“文化兴市”的大旗，推出了一系列胆识过人的文化政策。

其中的最大亮点是创办南特国际古典音乐节——“疯狂的日子（法语：La Folle Journée）”。音乐节始于 1995 年，一年一度，历时 5 天，邀请世界顶级乐团参演，是法国规模最大的音乐盛宴。南特的巨大成功仿佛点燃了一根导火索，东京、新潟，还有里斯本、里约热内卢、华沙等世界诸多城市也紧随其后，相继举办与之同名的音乐节。

就这样，一度黯然失色的工业城市南特重获新生，成为新兴的文化艺术城市，加之这里气候温暖，所以时隔不久，南特便荣登法国宜居城市的榜首。法国国家铁路预算管理部门准备迁出巴黎时，曾让职员投票选举自己希望的新址，结果南特当选。另有法国邮政公社的金融部也迁到了这里。这两个公共机关给南特带来的好处是人口和就业岗位的增加。顺便指出，近几年海外媒体对南特给出的评价是“欧洲最宜居的城市”。

南特再生的事例引起世界各国的广泛关注，以至于直接促成了联合国教科文组织的“创新城市”活动。

苏格兰最大城市格拉斯哥的经历与南特非常相似。格拉斯哥市素有“校园城市”的美称，早在15世纪成立的贵族大学——格拉斯哥大学便坐落在这里。工业革命后，格拉斯哥市发展为工业城市。其后，英国经济低迷直接导致苏格兰迎来一个漫长的经济衰落时期。格拉斯哥开始改变面貌的时间也是在20世纪80年代以后。在美术馆和博物馆等文化设施开始动工的同时，该城市由格拉斯哥大学牵头，积极申办各种国际会议和文化活动，争取将格拉斯哥打造成文化城市。

表面来看，工业城市与文化城市的性质截然不同，给人的印象似乎也是风马牛不相及。但是实际上并非如此，在铅灰色的工业城市深处孕育的文化萌芽，最终可以绽放出五彩缤纷的文化城市之花。

为什么这么说呢？工业城市本身是由身为劳动力的众多蓝领和负责管理他们的少数白领组成的。白领阶层素有主动接触文化艺术的传统，而蓝领阶层的大多数与文化艺术有一定的隔阂。但是，当一个城市试图通过“去工业化”搞活自己，积极引进文化事业的时候，将为这个城市所有的人增加了接触文化的机会，蓝领也不例外，更何况这部分人的基数本来就非常庞大。当他们对艺术和文化产生兴趣以后，“粉丝”的数量便迅速膨胀起来。我的意思是说，在文化艺术大众化的道路上，同为城市，工业城市一方具有迅速发展的巨大潜力。

文化产生经济效益．文化作为一种产业之所以成立，其理由也在这里。

关于经济效益的思考

说起文化的经济效益，不少人也许一时难以理解，他们宁肯认为文化和艺术只会“烧钱”，不会“生钱”。其实，他们这么想也不无道理。因为我在第三章里讲过，保护传统文化需要钱，每当有艺术作品推出时几乎都赤字累累，更不消说舞台艺术这个无底洞了。

歌剧就是最好的例子，包括台上演员在内，一个交响乐团动辄三五十人，他们身后还有几十个工作人员忙碌。即便是演出一场，也必须如此这般地兴师动众，真不愧为“劳动密集型艺术”，更何况歌剧、芭蕾舞等舞台艺术与普通商演不同，一年的公演天数本来就很少。

假如在一座容纳 1500 名观众的剧场演出，票价平均为 3 万日元，其收入为 4500 万日元，有人觉得这笔收入已经相当可观。可是，扣除演职人员的报酬、场租、装台等费用以后，所剩无几。尤其是装台费相当昂贵，比如真实再现中世纪的贵族公馆，仅此一项就需要 5000 万日元的支出。因此，也有不少剧团索性改演现代剧，以便减少开支。

场面豪华的歌剧是一种耗资巨大的舞台艺术，可是，只有这样做，才能让艺术水准得以保持，让观众得到最大程度的满足。也有人说，不这么铺张也照样能演。实际上，在欧美国家也有这种类似先锋派的戏剧团体，他们以低廉的票价让观众欣赏到歌剧。但是，舞台艺术要做到收支平衡或者略有盈余，从结构上看非常困难。因此，若想维持高水平的演出活动，不得不依赖官方的支持和企业的资助。

长期以来，文化艺术在文化经济学上的定位一直是“准公共财产”，其根据就是以舞台艺术为代表的文化事业往往入不敷出。

的确，文化事业与经济效益难以兼顾。如果优先考虑经济效益，有可能导致文化质量下滑。例如在互联网尚不发达的时候，各国都出版发行过高质量的百科词典，如英国的《大英百科全书》、法国出版的《拉鲁斯百科全书》、德国出版的《布罗克豪斯百科全书》以及日本平凡社出版的《世界百科全书》等，不胜枚举。可是自从互联网发展起来以后，像“维基百科”这种便捷而免费（尽管维基百科也在寻找赞助单位）的网站一经出现，纸质印刷的百科全书几乎全部停止发行。过去，各具特色的百科全书在出版之前，首先成立编辑委员会，具体研究条目的整体布局，词条的执笔者均由专家担任，这种确保质量的编辑体系是“维基百科”所不具备的。我也只能猜测，“维基百科”或许是通过自然淘汰的方式来提高自己的品质。同样的道理也适用于电视节目的制作播出，尤其是民营电视台制作的节目，品质之低俗，令人不堪入目，这种现象正是文化盲目追求经济效益所导致的严重后果之一。

尽管文化和经济存在如此棘手的问题，但是，文化能够令人振奋精神，能够带来经济效益，能够让城市充满活力，则是无可辩驳的事实。

法国的南特和苏格兰的格拉斯哥的例子就足以证明了这一点。对于一个努力争取从文化中重获新生的城市来说，最重要的一点是这座城市在文化上要有所依托。比如现在已经发展为艺术文化城市的金泽，所依托的便是从江户时代传承至今的“前田藩文化奖励政策”① 和历史悠久的传统工艺。格拉斯哥的强项是那所传统贵族学校——格拉斯哥大学。从这个意义上来说，具有传统文化底蕴的日本完全可以依托自己的巨大潜力，在不远的将来孕育出一大批异彩纷呈的文化城市。

2014 年 12 月，静冈县的滨松市和山形县的鹤岗市被联合国教科文组织指定为“创新城市”。滨松市属于音乐专业的全球“创新城市”，是日本中部地区屈指可数的工业城市之一，拥有“雅马哈”这个世界顶级的乐器制造厂家，经常举办国际钢琴大赛等音乐活动，颇受世界好评。说起滨松市的乐器和摩托车等制造业的发达，可以追溯到江户时期繁荣的纺织业和木制品行业，滨松的音乐文化是在这种历史背景下发展起来的。

再看看荣膺美食文化“创新城市”的鹤岗市。鹤岗市地处庄内平原南部，当地种植的“爷爷毛豆”“民田茄包”以及“温海芜蓝”等传统风味的酱菜，品种丰富，具有浓厚的地方特色。此外还有出羽三山②的“修验道”③ 等文化名胜。庄内平原的精神文化与美食文化相得益彰——这是联合国教科文组织在指定“创新城市”时给予鹤岗市的评价。美食文化作为地理气候和风土人情的产物，只能属于一脉相承的传统文化。

秋田县大曲市的烟花大赛

尽管传统文化种类繁多，但是从经济效益来看，文化实力的

---

① 前田藩文化奖励政策，在 17 世纪中后期的江户时代，加贺藩的藩主前田家族在文化方面推出日本前所未有的奖励政策，包括招贤纳士，成立出版机构，扩大工艺品的生产规模，收集和继承传统工艺等。

② 出羽三山，位于日本东北部山形县的村山地区及庄内地区，是月山、羽黑山、汤殿山的总称。

③ 修验道，日本传统禁欲主义宗教，信仰山岳，融合了汉传佛教和日本神道教，其信徒隐居山中刻苦修行，曾在日本风靡一时。

强弱与吸引力的大小有关。在地方上，能够吸引更多游人的不仅是名胜古迹，非物质文化也是有力的旅游资源。

秋田县大仙市每年8月举办的全国烟花大赛远近闻名，当地人称“大曲烟花”。大仙市是2005年由大曲市及周边7个村镇合并而成的，人口约8万。每当烟花大赛举办之时，前来观看烟花的游客竟然多达70余万，几乎是当地人口的10倍。

我也曾经是游客中的一员，燃放烟花的当天，其热闹程度不必多言。据大赛组织者介绍，整个活动的开销包括临时雇用的保安人员在内，大约是6亿日元。一个地方城市，仅仅为了一天的活动，不可不谓之耗资巨大。可是细算起来，如果每位游客在这里平均消费2000日元，就等于14亿日元，即使扣除6亿日元的活动经费，其经济效益也相当可观。

大曲烟花如此吸引游客的原因之一，就在于它是国内公认的最具权威性的烟花赛事，优胜者可以获得“内阁总理大臣奖”，据说有资格颁发此项殊荣的烟花大赛，日本全国只有大曲和土浦。从历史上看，大曲最初只不过是在举办庙会的时候放过一些烟花，到了明治四十三年（1910年），东北一带的烟花大师聚集此地，燃放烟花，一比手艺的高低。据说，这就是今天大曲烟花大赛的起源。

今天的大曲烟花之所以能够在全国为数众多的烟花大赛中脱颖而出，闻名遐迩，一方面得益于他们率先上演烟花大师们独具匠心的烟花杰作，另一方面也离不开当地民众以此为荣的精心呵护。因此，始于明治时代的具有竞赛性质的烟花盛会在大曲生根开花，经久不衰。我觉得，将当地传承的传统文化开发为魅力十足的旅游资源，是不是另有一个不可欠缺的条件呢？这个条件也许就是当地居民对传统文化的深厚感情和荣誉感。

富山八尾的“快乐风”[①] 民谣节

随着秋田新干线的开通，前来观赏大曲烟花的游客蜂拥而至。另有一种值得一提的现象，比如在一个地方小城里，有一种传统文化自古传承，但是至今却默默无闻。后来，因为一个突发的偶然机会，让这座小城在不经意间一夜走红。

富山市八尾镇的“快乐风”民谣节就是这么一个极好的例子。当地每年9月初举办的传统民谣会演活动，以其伤感的旋律和优雅的舞姿而远近闻名，这项持续3天的传统文化节日，每年都引来25万游客前来观看，让这座小城人满为患。而“快乐风”如此受宠也只是最近20年来才有的光景，在这以前，民谣只不过是这座小镇里代代相传，自娱自乐的古老习俗而已。

然而，一个偶然的机会让“快乐风”的古老民谣广为人知，这就是1985年作家高桥治发表的小说《快乐风的恋歌》。这是一部描写一对中年男女苦苦追求婚外恋情的作品。小说中的男女主人公年复一年，在“快乐风”民谣节的当天，相约八尾。不久，这部小说被改编为电视剧，有关“快乐风”的演歌到处传唱，让“快乐风”民谣节红遍了全国。

出名后的八尾对老街进行了综合整治，撤除电线杆，规范商店招牌，将主要街道铺成石板路，让沿街载歌载舞的民谣行进表演返璞归真，更富有情调。不仅如此，居民们对家乡小镇的这项传统民俗活动倍加呵护，为了一年中只有三天的民谣表演，他们在平日里刻苦排练，从不偷懒。所以说，这里的传统文化不是专门用于旅游的“行尸走肉”，而是至今仍然生长在生活中有血有肉

---

① 快乐风，日语Owarakazenobon的中文译名。指富山市八尾镇每年9月1日至3日举办的民谣节。该活动是富山县最具代表性的民俗节日。

的传统民俗。正因为如此，这座小镇才引来了大量的游客。

丸山村落的旧民居改造项目

说起区域传统文化，我还听说过这么一个故事。地处千叶县的一个村落，准备复活中断十几年的古传神乐。消息很快在周围村庄里传开，便有人跃跃欲试，前来助兴。于是，弘扬神乐文化的机会来了，村里专门成立了神乐保护组织。甚至还有一户人家借神乐复活的机会，把全家从外地搬到了这里。

神乐的旋律让这个沉寂了许久的村庄重整旗鼓，东山再起，也让我们再次感受到地域传统文化的势力有多么强大。不过，并非只有传统文化才能使人口稀少的村落恢复往日的生机——

位于兵库县山区的筱山市有个名叫丸山的村落，本来就只有十几户人家，可是还在不断流失，到了 2008 年只剩下五户，已经少得不能再少了。后来，村里启动了重修项目，把空置的民宅改造成自然纯朴的旧民居，吸引人们回归自然，体验到古老的山乡生活。附近还有法式、日式餐厅，可以品尝到用当地应季食材烹饪的美味佳肴。从神户或大阪到这里也就一个多小时的车程，很受人们欢迎。民宿设施自营业后两年半的时间里，就有超过 2000 人入住，让这个仅剩下五户人家的超小村庄彻底翻了身。

丸山村的做法是将稀疏的人口与空置的房屋等负面遗产转化为积极因素的一个成功范例。与当地人共同开发这个项目的是筱山市的一家名叫“NOOTO”的社会团体。

这个团体为活跃区域社会做了许多工作，2011 年开始倡导“农村创新”活动，并将自己理想中的区域社会定义为：以社区创新活动为基础，让文化和产业富有独创性，完善区域经济体系，搭建积极解决环境问题的“创新平台”。总之，这里意味着农村在保护自然环境的同时，在文化和经济方面也正在开展生动活泼的创新活动。

神山町的卫星办公区

上面介绍的丸山村是这么一种典型。而近年来，在人口稀疏的局部区域还出现了与“创新农村”的定义相符的另外一项行动。

位于德岛县中东部的神山町，是一座有 4500 人的山区小镇，曾经以林业经营为主。昭和三十年代（1955 年前后）以来，随着山区林业的衰落，人口持续减少，情况十分严重。处于这种状态的神山町在近几年里，多家 IT 企业的“卫星办公室”相继在这里落地，还有几处办公地点是利用闲置民宅改装的。

但是，镇里并没有刻意招揽 IT 企业前来入住，事情起源于 1999 年，当地的有心人邀请几位艺术家来到镇里体验生活，为他们无偿提供工作室从事创作活动，并把这个地方叫做“神山艺术村”。其后不久，有人在这里办起网站，提供神山町的空房信息等相关服务。最终发展成为“文化艺术创作园区”，不仅有艺术家，还有工匠、手艺人、企业家、设计师、IT 行业的工程师等，凡是有本事的人都可以享受到入住的优惠条件。据说从 2010 年起的数年间，总部设在东京的 IT 企业、影视公司等十来个单位，已经将自己的“卫星办公室”设在了神山町。

是什么原因吸引这些高端企业和创作人员到这个山区小镇来的呢？一个是德岛县长期重视信息方面的基础设施建设，神山町的光缆宽带十分完善。随着电视的地面数据化，由于德岛县解决了山区广播电视信号的接收问题，在这里，有线电视和宽带上网兼用的光纤设备铺设得非常到位，为 IT 技术人员提供了方便实惠的基本条件。另外，闲置房屋每月几万日元的租金，即便再加上适当的装修费用，还是相当便宜。再者，尽管这里比较冷清，但是从德岛市区驱车到这里还不到一个小时，与东京方面联网办公的速度并不慢。更重要的是优越的自然环境和商住一体的生活设施，具有城市里感受不到的诱人之处。

靠艺术起家的地区

如此看来，从人口稀疏的不利因素中也能发现意想不到的优势。其意义在于，当初神山町的做法是从邀请艺术家前来做客开始的。看来“清静”和“艺术”原本就是情投意合的孪生姐妹，因为在实际生活中，艺术唤醒了沉睡的街区，在其他地方也不乏其例。

在新潟县，以著名的暴雪地带——十日町市和津南町为舞台，自 2000 年开始每隔 3 年举办一届名为“大地艺术节——越后妻有地区[①]艺术三年展”的现代艺术展示活动。他们把农舍、废弃的房屋、学校、农田等利用起来作为场地，展示多彩多姿的现代艺术，不愧为一场以大地为舞台的艺术盛会。

在群马县的中之条町，前任町长对大地艺术节进行实地考察后深受感染，从 2007 年开始每两年举办一次同样的艺术活动，即“中之条艺术作品隔年展”。地处山区的中之条町本来就是温泉胜地，常有不少游客光顾。正是由于这个缘故，第一届中之条艺术作品隔年展举办之时，尽管前来参展的艺术家只有五六位，却吸引了 4. 8 万的观众。到了 2013 年举办第四届的时候，有 113 位艺术家参展，观众人数飙升至 33. 8 万。

古老而美丽的山乡景色与现代艺术的珠联璧合，自然吸引了众多的游客。据说自这项活动开始举办以后，有的艺术家便迁到这里长期居住。古时候曾靠养蚕发展起来的中之条町，后来以旅

① 越后妻有地区，日本古代地名，特指位于东北地区新潟县的十日町市和津南町。

游业为本地的龙头产业。进入 21 世纪以后，又投靠了现代艺术这个“第三者”，终于让自己的家园走上了繁荣昌盛的幸福之路。

外来人口给村庄带来的变化

神山町也好，中之条町也罢，凭借自己的创新举措引来了一批外来人口。还有一些人烟稀少的村庄，尤其是那些濒临消失、岌岌可危的地方，后来因为外来人口的迁入也发生了巨大变化。

比方说，在一个人口只有十来个人的小村落，从城里来了一对 30 岁上下的夫妻带着三个孩子。于是，这个村落的人口猛增了 1.5 倍，平均年龄也大幅度下降，村里的气氛也活跃了许多。听到许久没有听到的孩子们的撒娇声，让村民们心里踏实了许多，而且这对年轻夫妇的思维和生活方式，还从不同的角度激发了村民们对生活的热爱。

最近，有的地方通过发行“人口稀疏债券”的办法，争取接收更多的外来人口。作为吸收方，这样做不失为行之有效的办法之一。但是，对于人口稀疏的村庄来说，外来人口带来的这股新鲜空气固然宝贵，同时也出现了新的问题——如何让这些外来人口走上农村生活的轨道。他们当中的许多人要务农，习惯于城市生活的人摇身变成了庄稼汉，要想基本适应农村生活，通常需要三年左右的锻炼时间。这就意味着在他们能够独当一面之前，当地政府应当帮助他们解决一些实际问题。如果后续措施跟不上，不能解除他们的后顾之忧，外来人口的定居率是上不去的。反过来说，如果外地人在这里形成了一定的规模，他们将越聚越多。

另外，外来人口不见得全是年轻人。战后“婴儿潮”时期出生的那一代人里也有不少人会选择农村生活。他们所求的不仅是退休后到乡下养老，如果能够让他们用自己掌握的知识和本领，在人口稀少的地区发挥余热，我觉得对于农村建设来说，岂不是一件天大的好事！

其实，想过这种舒心日子的人也不必把家搬来。举家搬迁，兹事体大。但是，如果在人口稀疏的乡下另有一处自己的住房，每逢周五、周六和周日在这里住上三天，一边享受城里没有的田园生活，一边把自己积累的工作经验贡献给当地农村，既可以当作公益活动，或许还可以得到略有商业意味的补偿。

现在六七十岁的人和从前不一样，他们身体非常结实，曾经是日本经济发展的顶梁柱。我们是不是应当想办法帮他们换一个舞台，把自己的知识和技术贡献出来呢？这样做的结果，一方面在充分利用日本人力资源上意义深远，另一方面也可以期待他们在当地传统文化和城市现代文化的融合上起到桥梁和纽带的作用。

丰冈市：一切为了与鹳鸟共生

虽说人与文化的融合带来的是一片生机，那么，究竟拿什么来让本地区更加生机勃勃呢？每一个地方政府都必须找到这一粒可以随时发芽的种子。最近，为区域发展出谋划策的“点子”公司也多了起来。但是非常遗憾，从这种地方出来的许多“点子”千篇一律，就像金太郎糖果。① 我认为最终还是需要当地人在自己感到骄傲或者具有凝聚力的特色上打主意，否则是不会奏效的。

兵库县丰冈市在400年前的江户时期就是柳条包的产地，后来又生产各种提包，现在也是广为人知的“箱包城”。可是，丰冈市并没有把振兴城市的全部希望寄托在提包上，说出来让人感到意外。

他们依托的是鹳鸟。据说从前鹳鸟在日本各地随处可见，从

---

① 金太郎糖，日本一种制作成棒状的传统糖果，从任何角度切开，断面上都会出现日本童话人物金太郎的面孔，常用来比喻事物缺乏变化。

明治时期以后数量逐渐减少，尤其是战后几乎难觅其踪。尽管1956年鹳鸟被指定为“国家自然特殊纪念物”，可是到了1971年还是灭绝了。在这个过程中，鹳鸟在日本国内最后的栖息地就是丰冈。丰冈是盆地，周边有大片的湿地，自然环境似乎适合鹳鸟生息。

1985年，丰冈市从俄罗斯的哈巴罗夫斯克引进6只鹳鸟的幼鸟，放在饲养场里饲养。不久，期盼中的雏鸟诞生了。后来，他们又成功放生，让鹳鸟回归自然。目前，在丰冈市郊区栖息的鹳鸟保持在80只左右。丰冈市政府还专门设置了办事机构——鹳鸟共生课。在市内名为“兵库县立鹳鸟之乡”的公园里，除了饲养着可供游人观赏的鹳鸟，还开展有关鹳鸟饲养、繁殖和放生的讲座和研究工作。

于是，丰冈鹳鸟的知名度越来越高，加之自古以来就小有名气的城崎温泉从中帮忙，从全国各地慕名而来的游客不断增加。总之，在丰冈这座城市的崛起中扮演主角的既不是神社寺院，也不是传统文艺，而是自然界的野鸟。

丰冈市在文化振兴中让野鸟打了头阵，而这个城市希望传递给世人的真正信息是，他们拥有了一个能够让鹳鸟这种稀有动物繁衍生息的丰富的自然环境。为了让鹳鸟在这里生息，必须有蚯蚓和青蛙等充足的食饵。为了养活更多的蚯蚓和青蛙，作为它们食饵的小虾和水生昆虫又是必不可少的。由此可见，如果山乡的生态系统如果不能维系，鹳鸟的生存就无从谈起。鹳鸟象征的是这里丰富的自然。为了实现与鹳鸟共同生活的愿望，丰冈市早在十几年前就开始普及“农法”①，尽量不用农药。目前，丰冈市将本地生产的绿色大米和其他农作物，冠以“鹳鸟之舞”的美名，

① 农法，指日本农场主福冈正信提出的“自然农法”，即“不耕地、不除草、不施肥、无农药”的农业生产方法。

作为丰冈农业生产的品牌广泛宣传。

富山县射水市大岛地区的“绘本小镇”

丰冈市的基本优势是鹳鸟最后的生息地，在促进城市发展的过程中将这个独一无二的优势用足。然而有事例证明，即使当地没有可以弘扬的传统文化，或者没有这种独一无二的优势，也能让这个区域繁荣起来。

富山县射水市的大岛地区，在 2005 年合并到射水市之前是大岛町，这里就是远近闻名的“绘本小镇”。位于富山平原一角的大岛町遍地是水田，丝瓜曾经是这里的特产，除此以外就再也没有值得一提的特色了。

1994 年，大岛町的田野上诞生了一座“大岛绘本馆”。

绘本馆汇集了世界 30 余个国家的大约 10000 册绘本。玻璃墙面的建筑外观颇具特色，引人注目，很容易让人联想到乘风破浪的巨轮。馆内除了图书馆，还有画廊、可容纳 200 人的剧场，以及用于创作和制作绘本的空间。看到馆内的这些设施便可知道，这里并非一处单纯的绘本图书馆，而且是一个围绕绘本艺术展开各种活动、传播相关信息的据点。

那么，为什么大岛町和绘本走到了一起呢？这个镇子也没有诞生过知名的绘本作家，为他们牵线搭桥的是 1988 年为纪念建町 100 周年时出版发行的一册以介绍故乡为主题的绘本，镇里的居民从此爱上了绘本。1991 年，他们把打造绘本文化作为一项事业列入大岛町综合发展规划。而且从这一年开始，他们邀请了国内外绘本作家参加一年一度的“大岛绘本会议”，在共同研讨绘本文化的同时，还举办了面向儿童的“绘本创作学习班”等活动。后来，通过这些活动的连年举办，大岛绘本馆终于在 1994 年竣工，对外开放。

值得注意的是，大岛绘本馆不是政府投资的“形象工程”，而是居民在参与精神活动的过程中，根据实际需要建成的。现实生活中，社会上徒有其表的公共设施并不少见，而大岛绘本馆可以说是一个不折不扣的“文化装置”，一项有血有肉的“形象工程”。

市民参与的“磐城艺术文化交流馆·阿里奥斯[①]”

即便是形象工程，也不全是行政主导下建成的，最近便出现了这么一个例子。从工程的最初创意开始，市政府便邀请市民全程参与，经过对设计方案的反复推敲，“福岛县磐城市的“磐城艺术文化交流馆·阿里奥斯”这座顺应民意并且富有特色的文化设施终于落成。

这个取名为“阿里奥斯”的文化设施于2008年投入使用，建设的起因是原有的市民会馆已经老化。但是，市政府没有简单地推倒重建，在竣工前的两年时间里，与市民反复交换意见。最后的具体定位是，新设施的风格要符合社区活动轻松愉快的空间诉求，不是那种所谓格调高雅的文化殿堂，让所有的人在这个“生产与创作的平台”上相遇相知，孕育出新的人生价值。

新落成的“阿里奥斯”里有大礼堂、中剧场、小剧场、演播厅等完整设施。然而更加令人关注的是，这里不仅是顶级艺术的鉴赏场所，更是一个普通市民展示自己创作成果的舞台。具体有当地吹奏乐团的演奏会、为东日本大地震灾区重建家园祈祷祝福的“和太鼓”表演、当地剧团的定期演出、面向儿童的“游戏工坊”以及县内高中的摄影展览等，内容十分丰富。

这个设施由市政府直管，运作模式也有别于原来的市民会馆，如公演和活动的策划、广告及商品销售、舞台、灯光、音响等，

① 阿里奥斯，原文中ALIOS的音译，在这里意为地久天长。

均由市政府临时聘用的30名专职人员提供服务。

顺便指出，磐城市属于东日本大地震的灾区之一，“阿里奥斯”在受灾时成为市民临时避难的场所。地震发生后大约半个月，为鼓励受灾群众共渡难关，这里便开始举办公益演出活动，包括乐团的演奏会、当地文艺俱乐部表演的“落语”① 和魔术等。再到后来，由于大礼堂遭到地震破坏不能使用，演出活动便深入到市内中小学的校园里，并且把这种流动演出称之为“走出去的阿里奥斯”，给灾民带去欢乐。其实，类似的外出公演早在地震发生以前就是他们搞过的活动之一，尽管这里属于政府管理的公共设施，但是，所开展的各种活动已经超过公共设施的范围，尤其是在地震发生后的非常时期，这些设施发挥了应有的作用。

公共设施作为文化据点，应当具有充实的软件条件，以层出不穷的各种活动方式不断营造生动活泼的热烈气氛。既然重新拥有了如此完美的文化场所，就必须设法让当地居民为她感到骄傲。因此，有关部门也应当重视与之配套的包括外观设计在内的各种硬件设施。

按照这个思路，2015年4月开放的大分县美术馆值得大家关注。在世界各地颇有建树的建筑师坂茂氏亲手设计的这座建筑，采用了开放感较强的玻璃墙体，与美术馆周围的空间融为一体。为此，取消了临街的建筑南侧与道路之间的界线。据说有关部门还特意撤除了道路中央的隔离带，凸显了该建筑与户外景观融为一体的视觉效果。

追求与街道环境珠联璧合的大分县美术馆，体现了建筑设计家坂茂氏一贯坚持的理念——美术馆不能是个黑匣子。事实上，大分县美术馆的设计造型也在向人们宣布：在未来的日子里，美

① 落语，日语。日本的传统曲艺形式之一，表演形式和内容与中国传统单口相声相似。

术馆不只是面向美术爱好者的特殊场所，将向广大市民敞开自己的大门。

推动文化发展的领军人物

我希望人们能够从上述案例中明白，作为文化设施的“形象工程”也已经完成了自己的进化过程，各地政府的先进措施和各具特色的尝试，有一个共同之处。这就是他们都有一位充分发挥领导才干的首长。

比如上述的丰冈市，如果不是中贝宗治市长领导有方，就不可能出现利用鹳鸟让城市兴旺的壮举。中贝氏是丰冈人，从兵库县议员当选为市长，对鹳鸟的深厚感情非他人能比。据说他在担任县议员期间，曾在议会上进行质询时言必称鹳鸟，结果人送绰号“鹳鸟议员”。为此，他还曾经回到母校京都大学，攻读过动物生态学。2001 年，中贝氏就是因为强烈主张重新饲养鹳鸟，从而当选为丰冈市市长的。在全社会对环境保护的关心越来越高的过程中，他在当地高举“鹳鸟最后栖息地”这杆独一无二的大旗，得到了市民的广泛支持。

思路清晰、领导有方的首长果然强势。金泽市的老市长日出先生也是其中的一位，而推选这么一位既有领导才能，又有个性的人物成为“特色市长”的城市，无疑是一座精力旺盛的城市。否则，生活在这里的人们怎么会如此自信，怎么会如此自豪呢？我似乎觉得“地域再生”的那把钥匙就攥在当地人的手里。

其实，在历史变革中应运而生的强悍的领导，通常会引起一些矛盾和风波。对于一位身处旋涡之中的领军人物来说，这里绝对不是什么可以尽情享受的“安乐窝”，但却充满了改变现状的正能量。

艺术也有“毒”

其实，上述道理在文化领域也说得通。文化既可以让我们身心愉悦，但也能起到截然相反的作用。在现实生活中，艺术也不例外，因为艺术天生就具备打破常规的能量。

艺术作品给我们带来的不只是感动，还有惊讶，或者困惑，有时候甚至是郁闷和焦躁。任何人都无法预料的外形、色彩和声音，从各个角度动摇着我们的传统观念。我们沉浸在自己熟悉的世界里，周围的一切都是那么温馨，殊不知，这种安逸的状态是不会有新生事物出现的。求稳怕乱的温馨文化因其保守的一面而故步自封，缺乏创新精神和开拓进取的动力。所以，只有给人带来不安、疯狂或者惊恐等强烈刺激的妖魔——艺术，才是这个社会不可或缺的重要元素。

因此，艺术的降临是对安定和平稳的颠覆。由于社会本身具有巨大的包容性，艺术一经问世，就算是一个浑身带刺的怪物，也会被这个社会彻底吞没。于是，艺术作为一种放荡不羁的刺激性因素，更加凸显了它的存在价值。难道不是因为这种现象的反复出现，社会与文化的能量才得以长盛不衰的吗？

一个安定平稳的社会，如果总是求稳怕乱的话，将永远停滞不前。因此，为了让社会发展，不至于停顿，需要让这个社会在一定程度上亢奋起来，这就必须借助艺术的作用，把社会积蓄的能量倒逼出来。科学技术的进步需要不断革新的道理是不言而喻的，应当说，科学技术的更新换代是一部不折不扣的人类发展史。同样道理，新的艺术作品对于一个社会而言，也会发挥其重要的变革作用。因此，艺术不可能只有温馨的一面。

今天的历史名著在当年发表的时候，曾经遭到众人反对和嫌弃的例子俯拾皆是。比如明治时期的大文豪夏目漱石，他的作品至今令人爱不释卷。然而，漱石作品在最初问世的明治末年到大正初年，并没有受到所有人的称赞。漱石试图描写的近代人的自私、孤独和小市民的感觉等，尽管中产阶级的形成当时尚不明朗，但我估计他们已经隐隐约约地意识到了自己的存在。有的读者感到不悦，是因为作品触动了他的立场，于是便站在读者一边耿耿于怀，或许还有不少人读罢漱石的作品后觉得，自己见不得人的一面，还是不要特意戳穿为好。

所以，漱石的作品对于当时的日本人来说，既有引人入胜、引起共鸣的一面，也有令人眉头紧蹙的一面。正是因其两面性的存在，漱石的作品才吸引了那么多的读者。

社会习俗总是顽强表现在对新生事物的赞成与否上。比如20世纪60年代的甲壳虫乐队，一度让世界上的年轻人狂热不已。当时的大人们有一个算一个，谁都看不惯。有人把话说得更为极端：这种东西根本就不是音乐！让甲壳虫乐队迷住的年轻人都是小流氓，等等。表示厌恶的还不只是大人，当时的社会风气就是这样。在甲壳虫乐队到日本演出的1966年，东京一所特别正统的女子学校也有些女生开始着迷，而同龄的硬派男生们对她们的这种举动却嗤之以鼻。诞生于英国的摇滚乐，以其是非曲直，把年轻人一分为二。

但是，甲壳虫乐队演奏的乐曲，的确是人们在传统音乐里闻所未闻的新东西。随着时光的流逝，摇滚乐逐渐渗透到社会里，不久还编入了音乐教材。在60年代，摇滚乐让人嗅到的反社会气息与其自身较高的音乐价值，终于形成了表里如一的整体。

就这样，艺术中含有的部分“毒素”容易引起人们的褒贬不一，然而这种“毒素”之所以能够如此大胆地否定这个四平八稳的社会，只是因为它是一门艺术，再无其他理由。

在一个“平稳”比“活跃”更容易占据上风的成熟社会里，艺术的魔性显得更为重要。今非昔比，循环往复的世界变化，其周期越来越短，这就意味着对孕育艺术的一方与时共进的要求更加迫切。艺术家们若想跟上时代变化的步伐，必然要向社会源源不断地推出自己的作品，而提高每个作品质量的难度越来越高。因为当作品的质量近乎完美的时候，时代已经转入下一个周期，艺术家必须全力以赴地创作下一个作品。

因此，社会对艺术家的要求在于作品的“新”，而不是多么的完美无瑕。最大限度地追求艺术作品的品质，已经没有多大的价值可言，艺术的价值在于不断产出新的东西。

艺术的这些变化已经成为现实。在某种意义上说，艺术家无论处于多么严酷的时代，我们都不能放弃对新的艺术的期待。日本已经踏进成熟社会的大门，社会将变得更加错综，更加复杂，社会上的因果关系更加难辨。更何况在全球化的影响下，原本温馨的日本文化也正在不得不面对摇摆不定的现实。

今后，出于对成熟社会的反感和对全球化的排斥，我们日本人比过去任何时候都更加渴望四平八稳的温馨型文化。不过，虽然平稳和温馨是我们无可替代的宝贵财富，但是如果我们死抱着不放，社会将失去活力，停滞不前。因此，为了避免这种局面的出现，经常否定现状、不断刷新现状的所谓艺术，将是未来日本社会不可缺少的重要元素。

如此说来，艺术将给我们带来激情和活力，定能帮助我们顺利接近“文化立国”的目标。

图书在版编目(CIP)数据

日本如何文化立国/(日)青柳正规著;滕新华,王冬译著.
—北京:世界知识出版社,2017.10
(阅读日本书系)
ISBN 978-7-5012-5597-9

Ⅰ.①日… Ⅱ.①青… ②滕… ③王… Ⅲ.①文化研究—日本 Ⅳ.①G131.3

中国版本图书馆CIP数据核字(2017)第242989号

著作权合同登记号:图字01-2017-6610号

丛 书 名　阅读日本书系
书　　名　日本如何文化立国
作　　者　[日]青柳正规
译　　者　滕新华　王冬

出 版 者　世界知识出版社
社址邮编　北京市东城区干面胡同51号(100010)
网　　址　www.ishizhi.cn
投稿信箱　lyhbbi@163.com
经　　销　新华书店

责任编辑　刘豫徽
责任出版　王勇刚
责任校对　张　琨

印　　刷　北京京科印刷有限公司
开　　本　960毫米×640毫米　1/16　9印张
字　　数　110千字
版次印次　2017年11月第一版　2017年11月第一次印刷
书　　号　ISBN 978-7-5012-5597-9
原书书号　ISBN 978-4-480-06851-4 C0295
定　　价　28.00元
